JUEGOS DIVERTIDOS PARA ADULTOS

LABERINTOS FANTASTICOS

ActivityCrusades

Publicado por Speedy Publishing Canada Limited

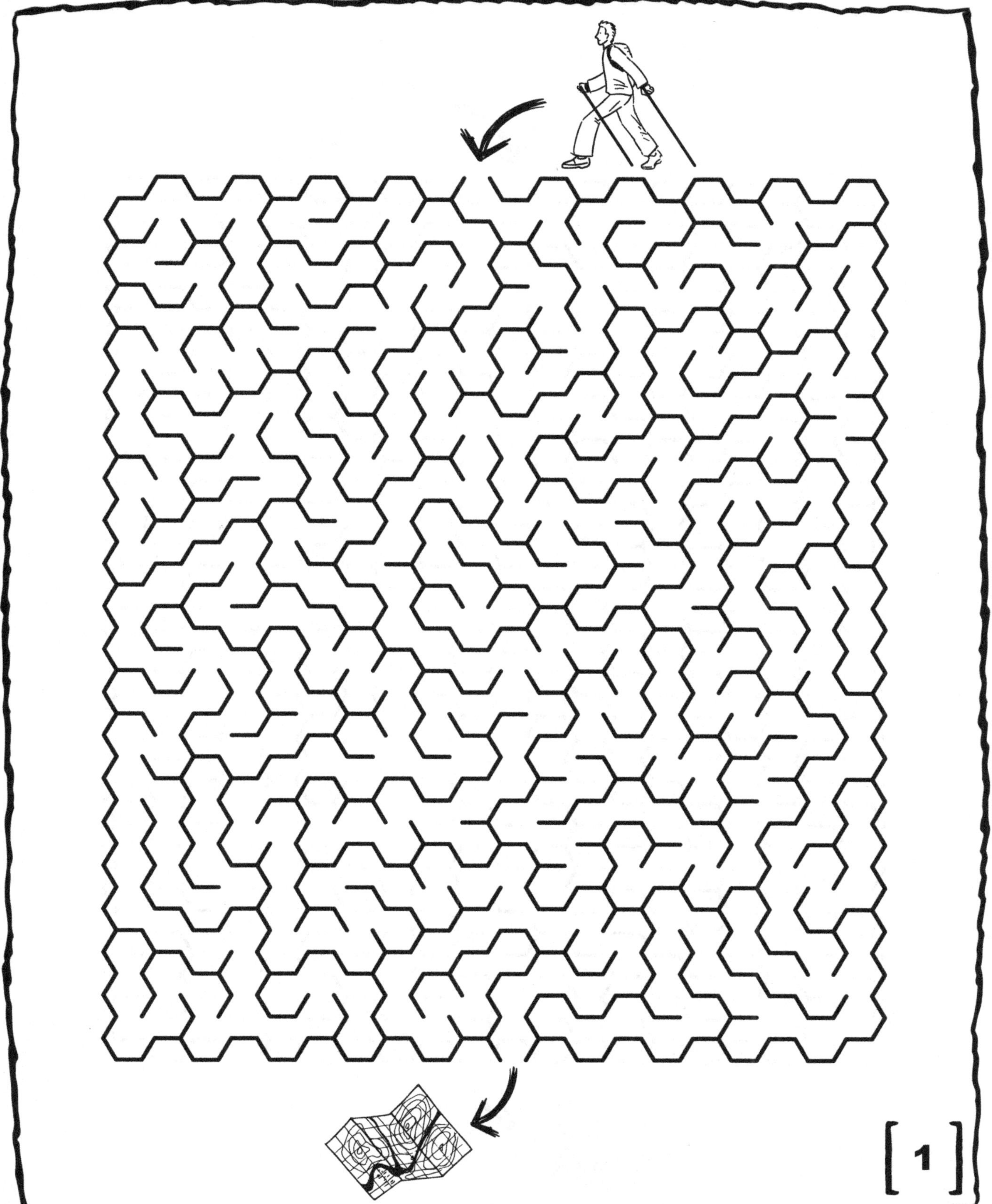

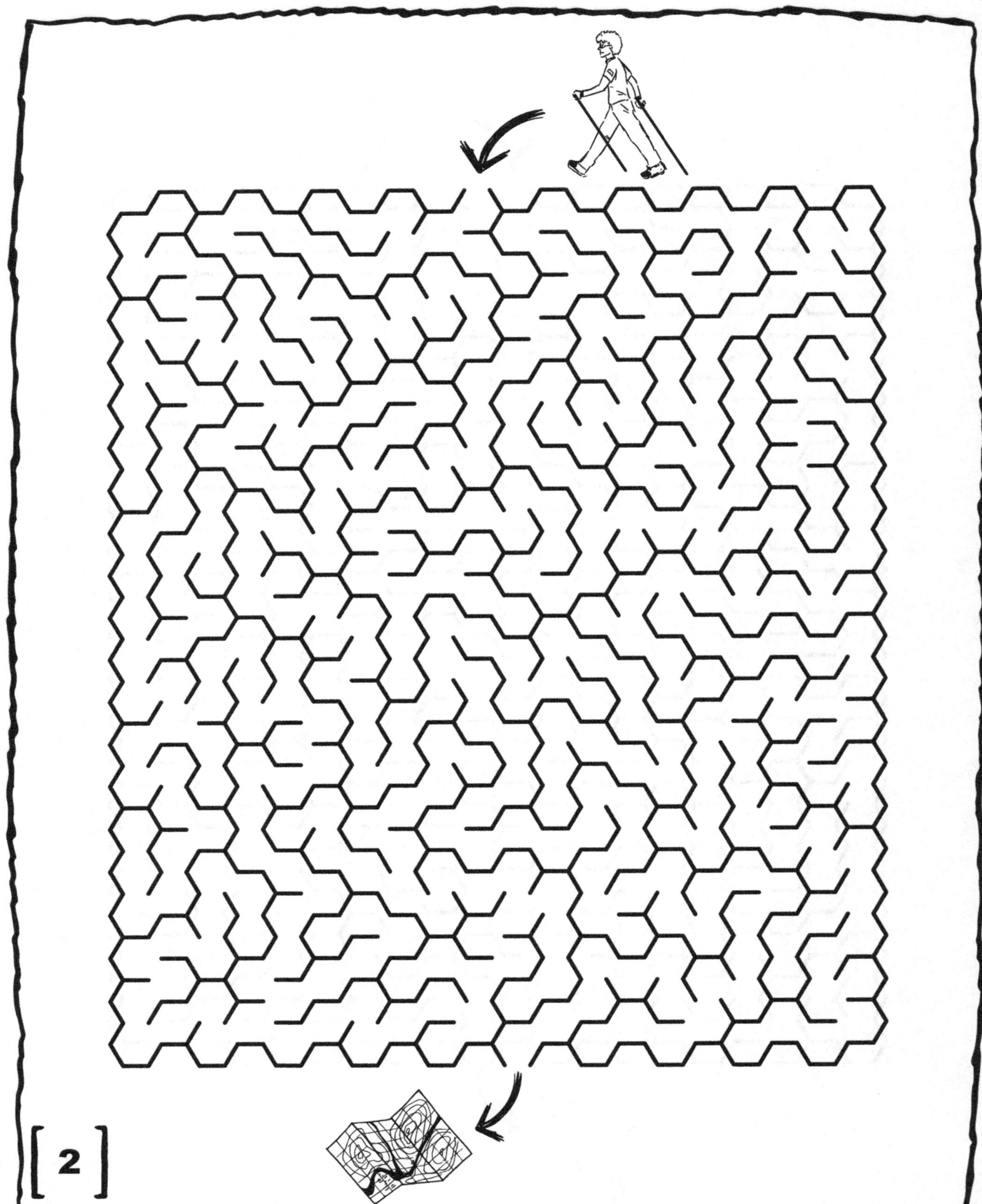

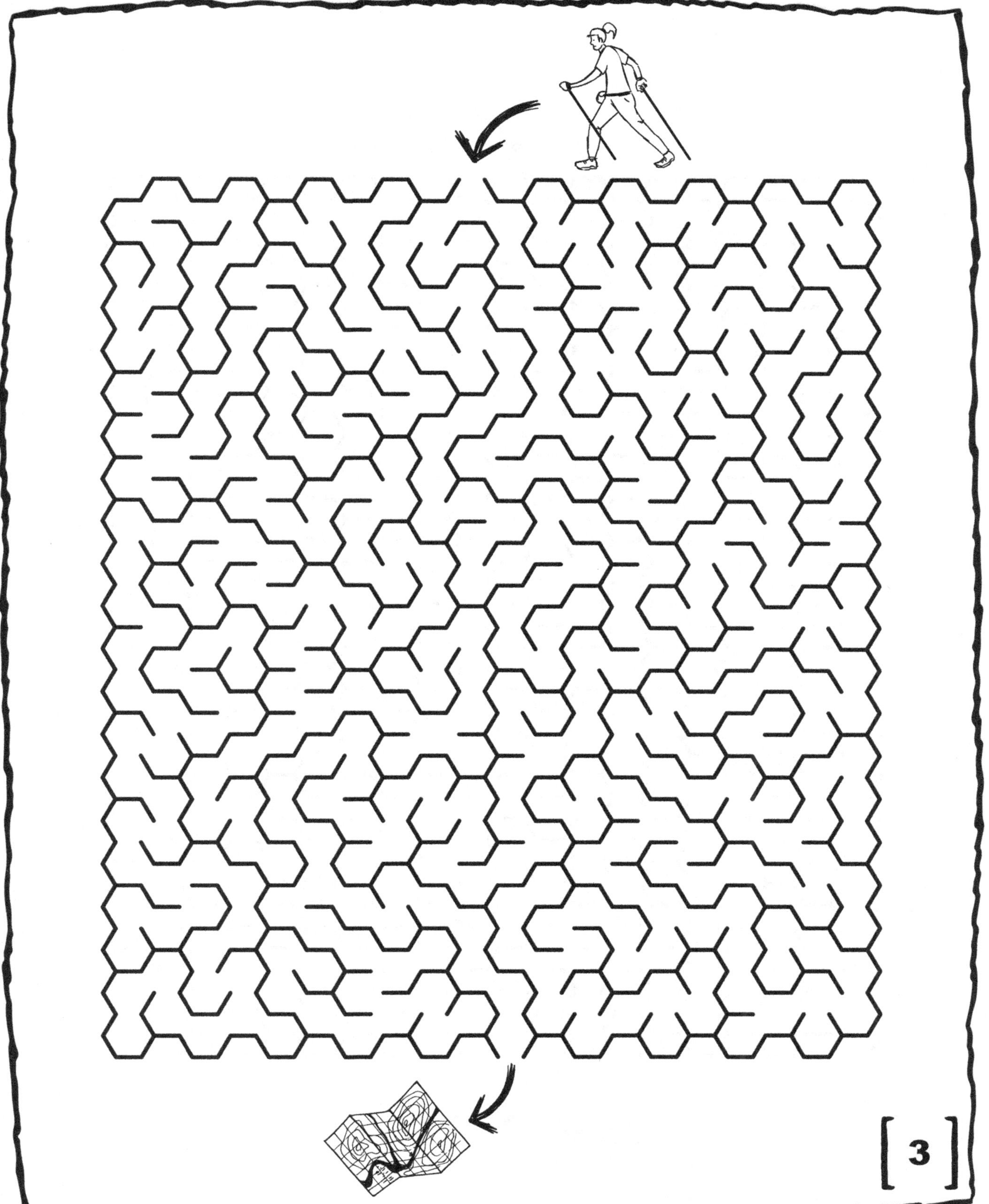

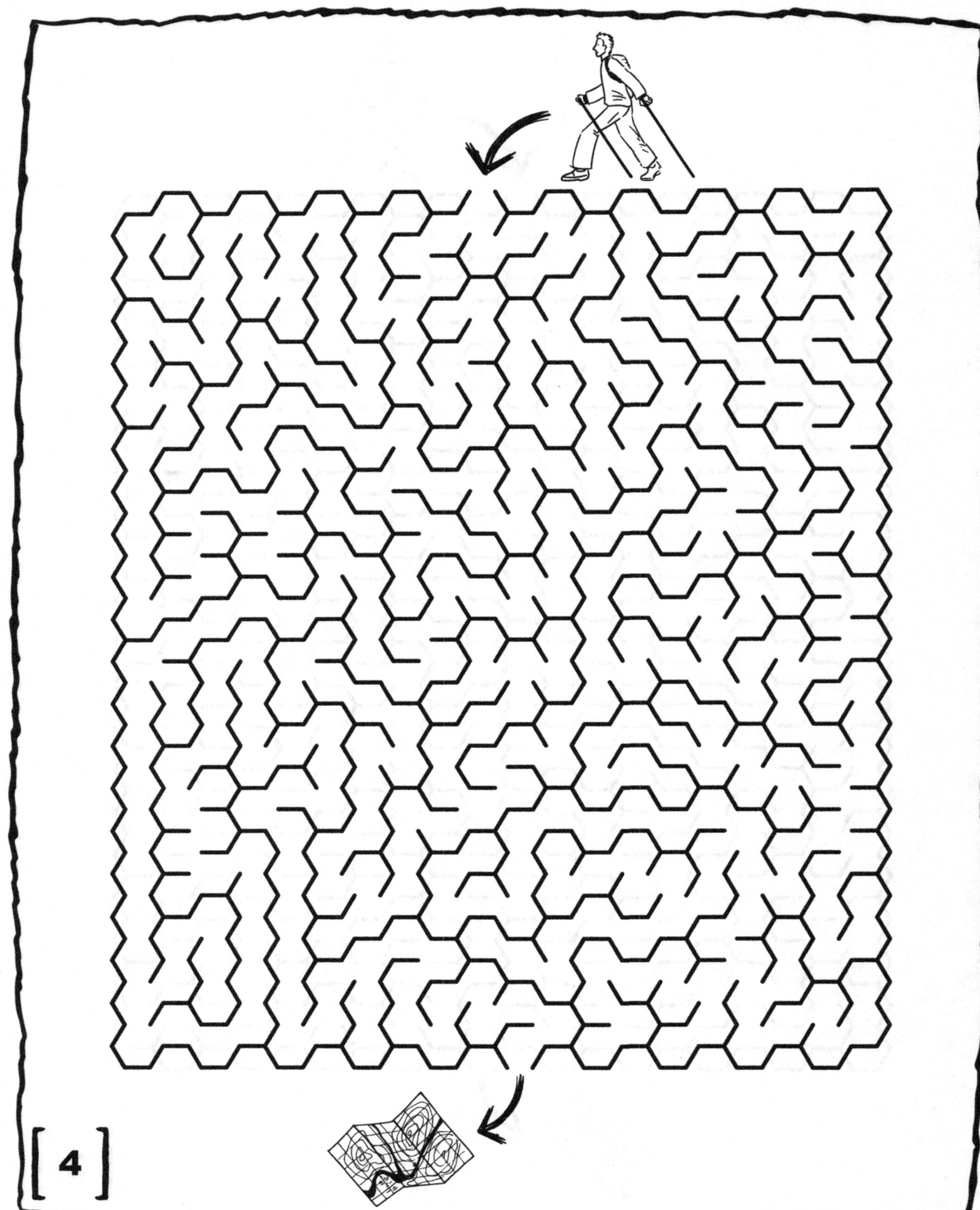

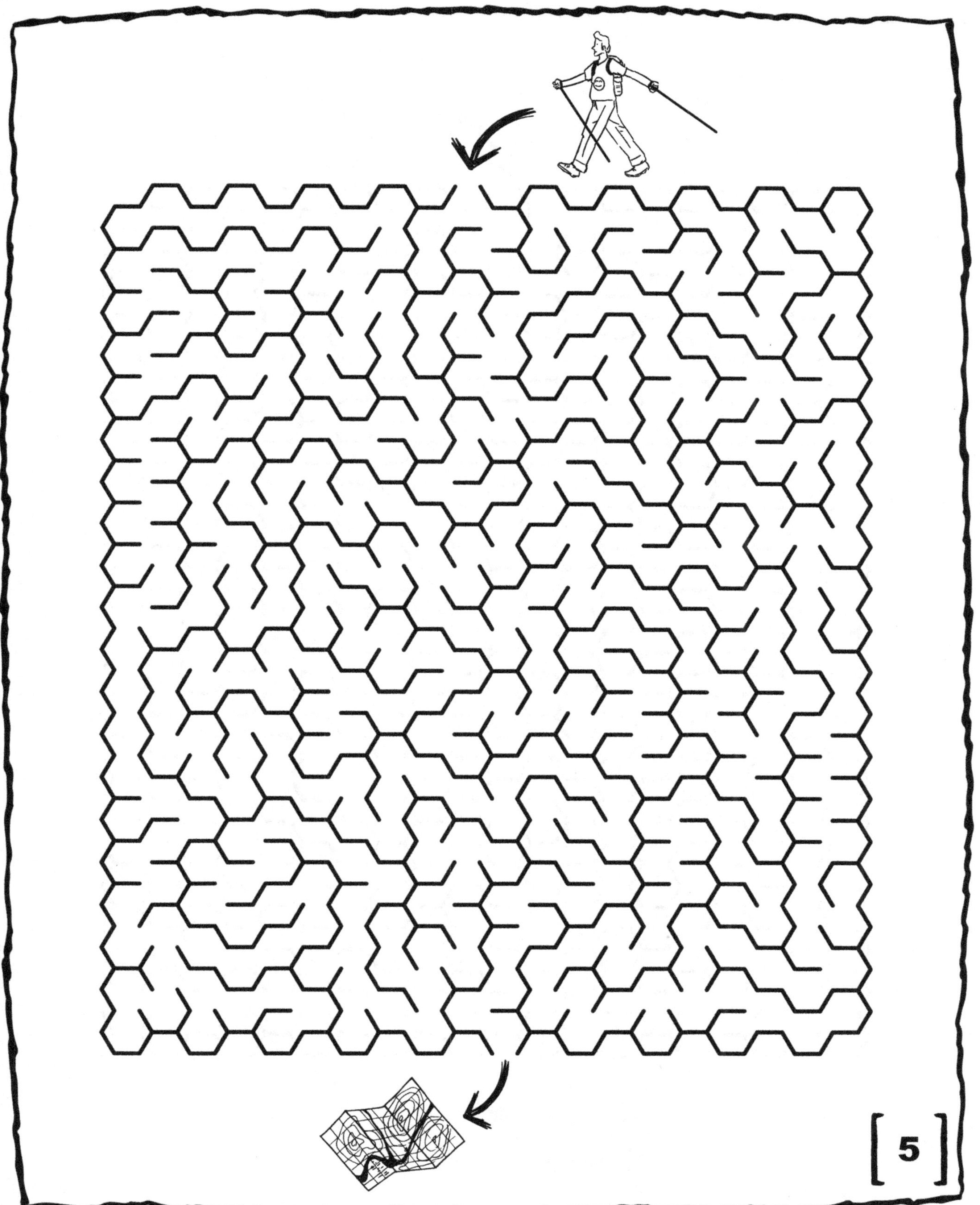

5

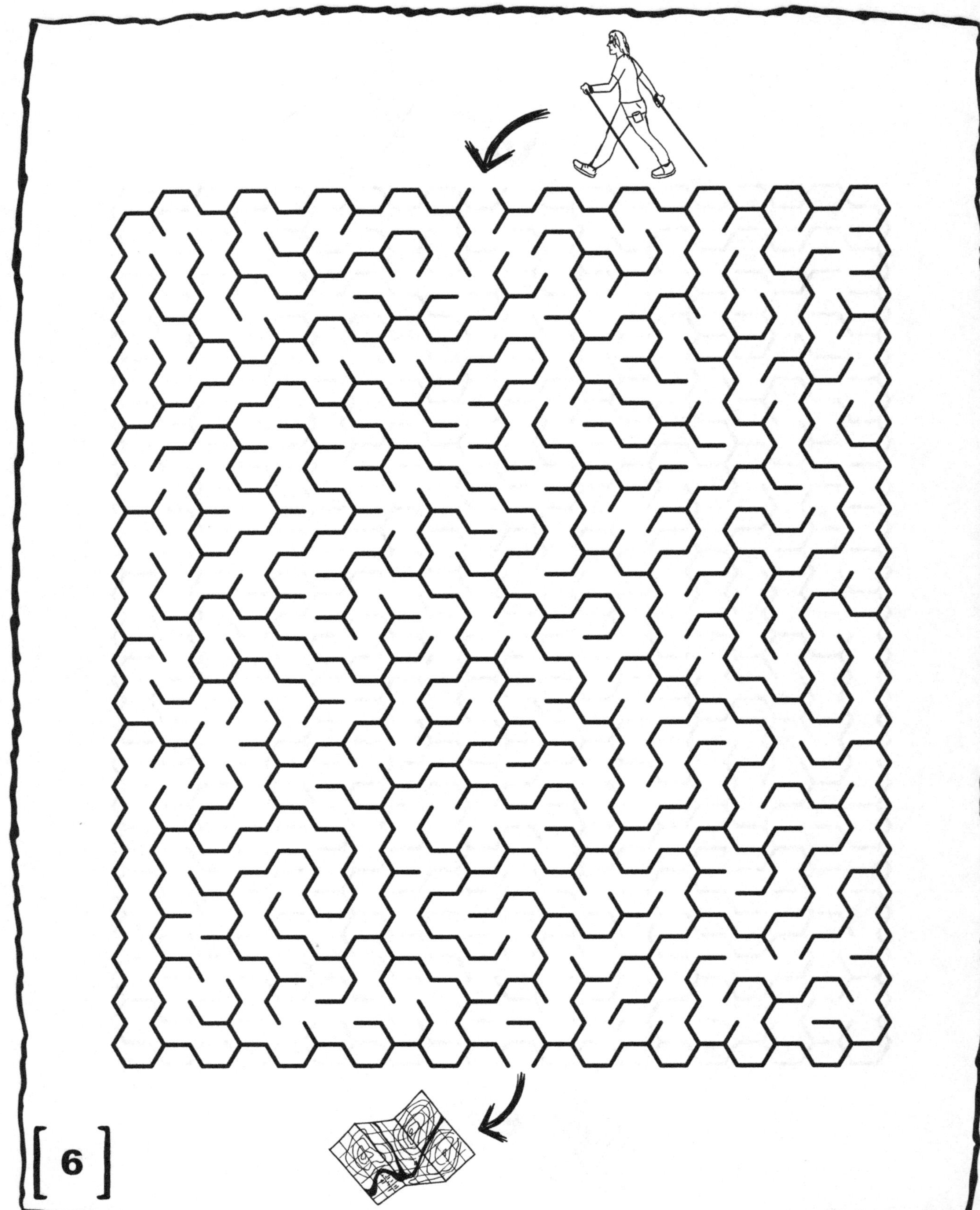

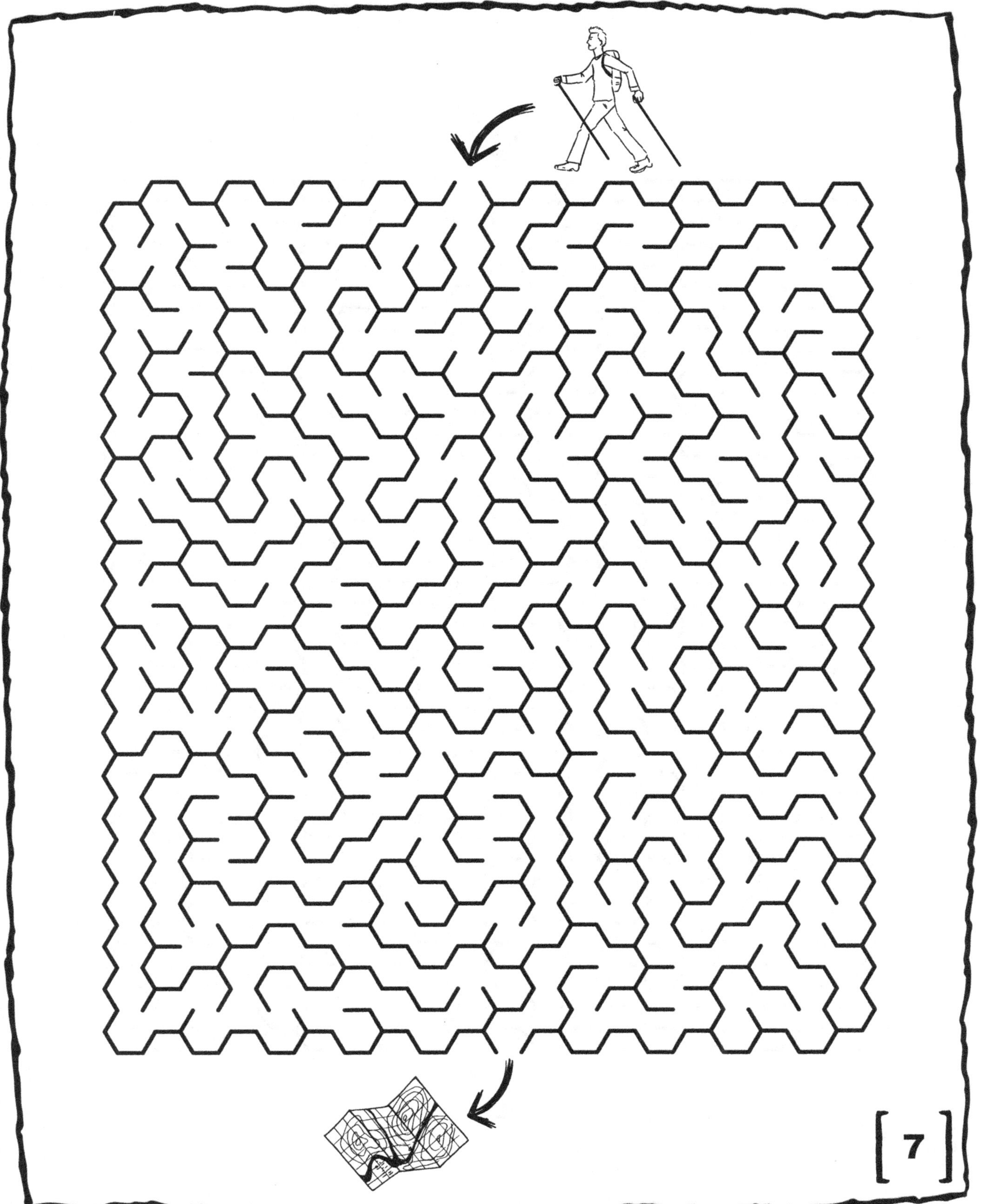

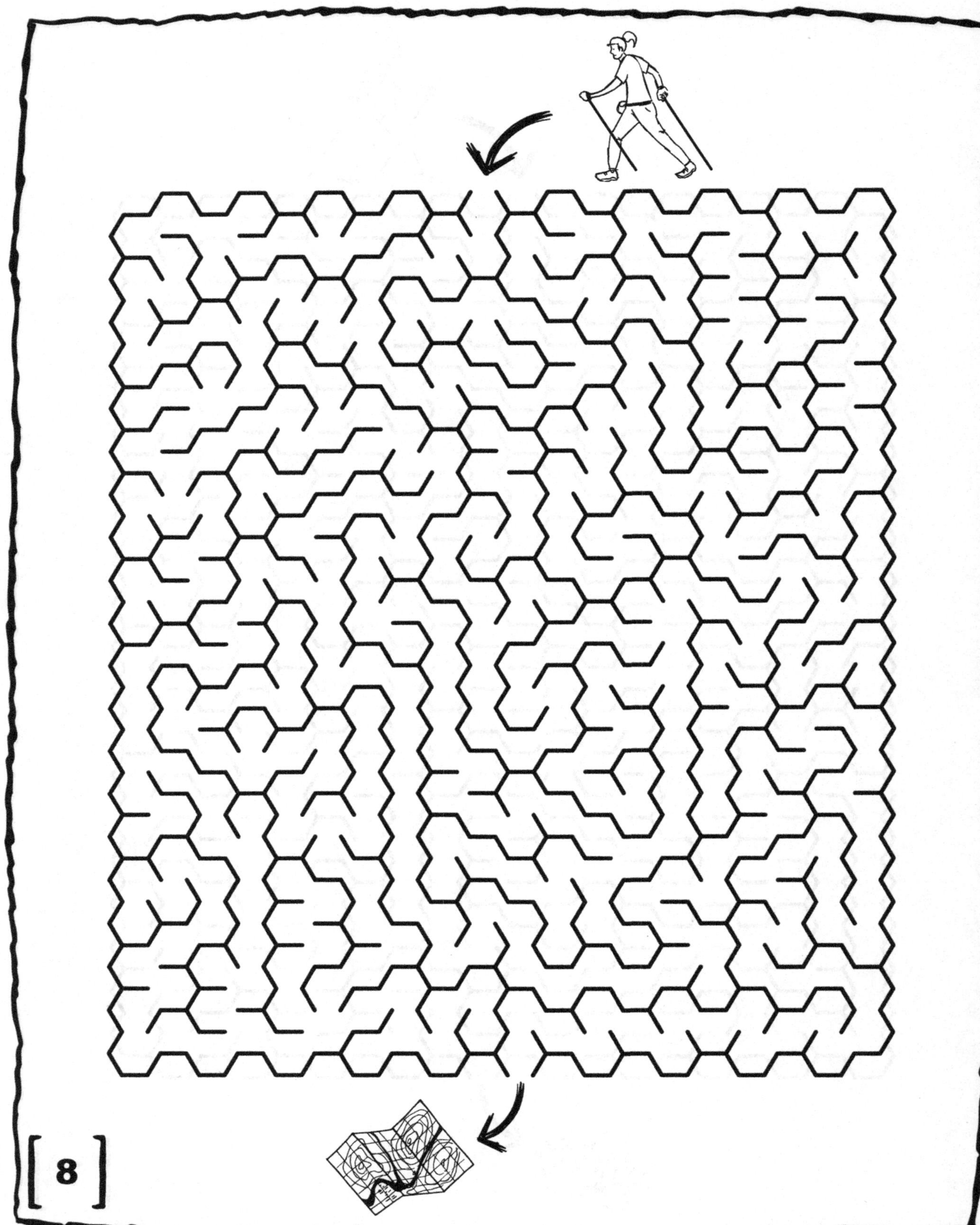

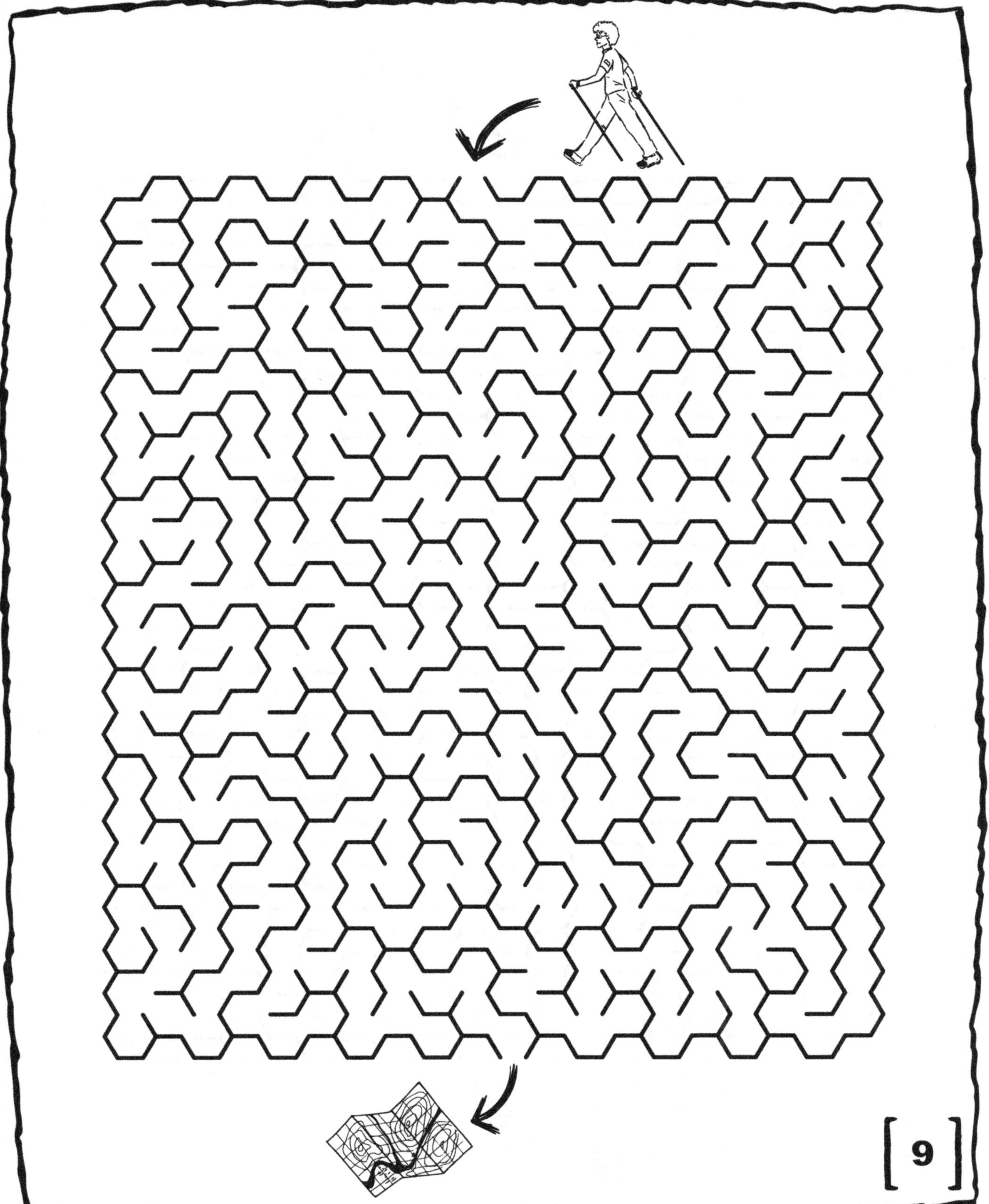

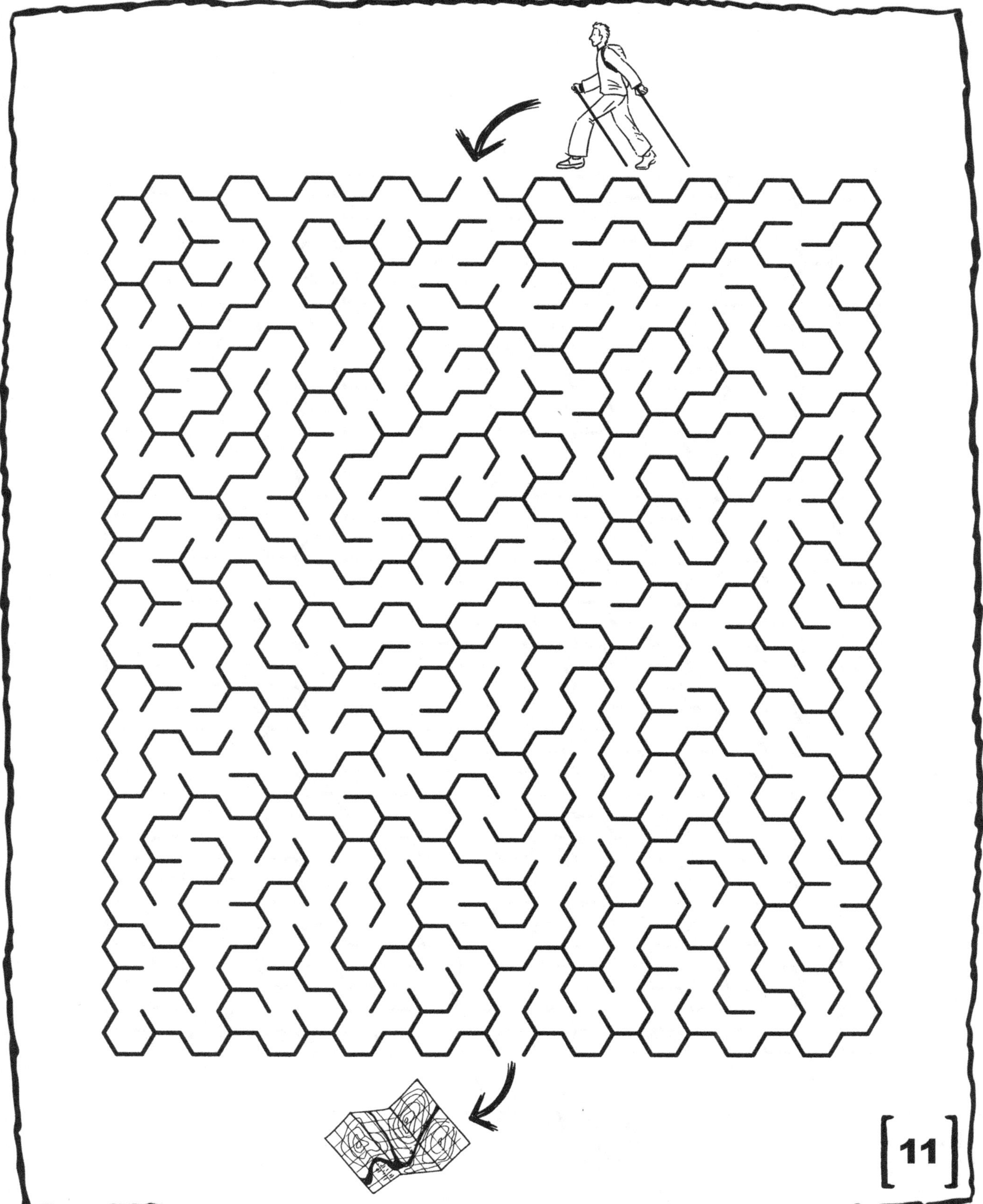

[11]

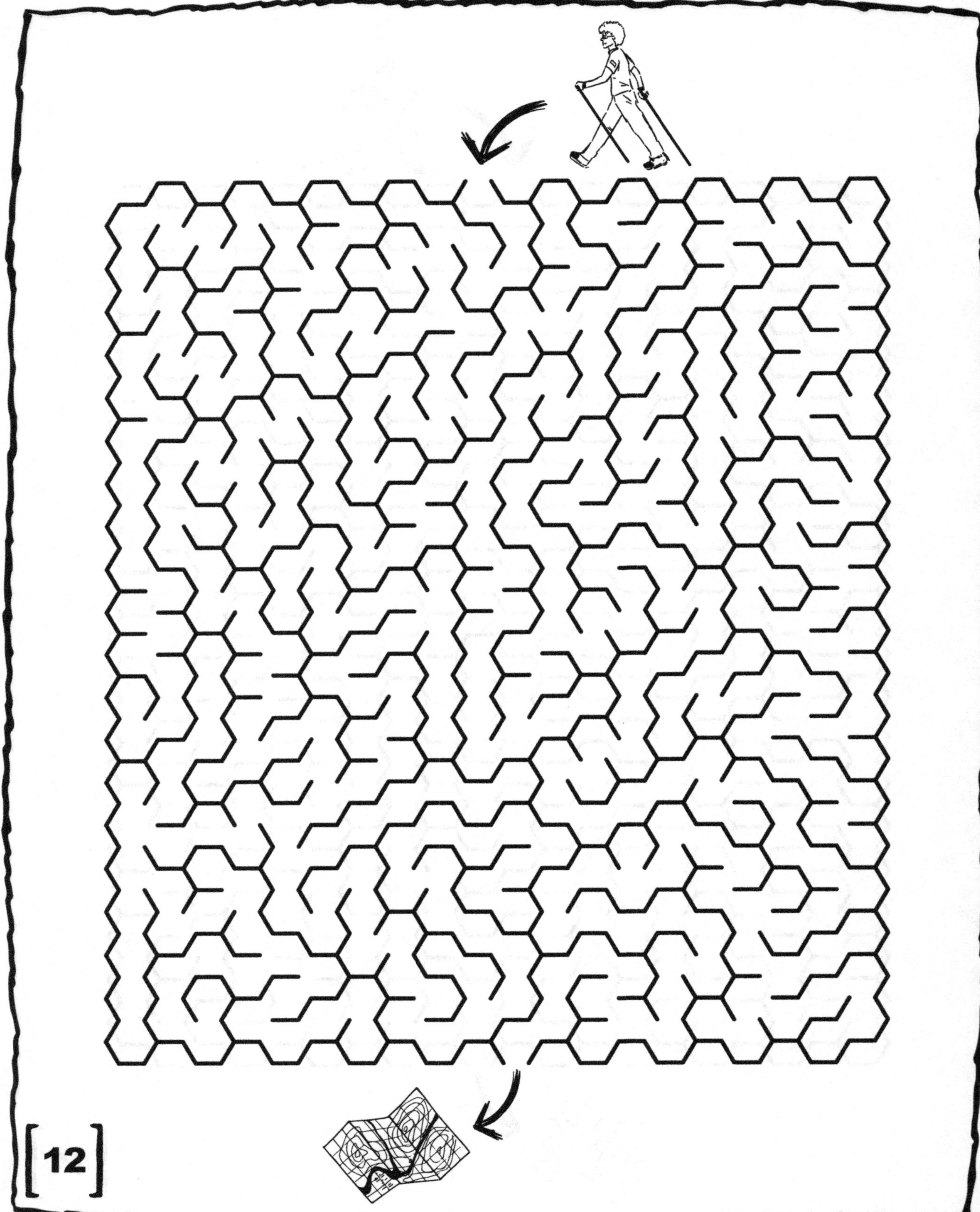

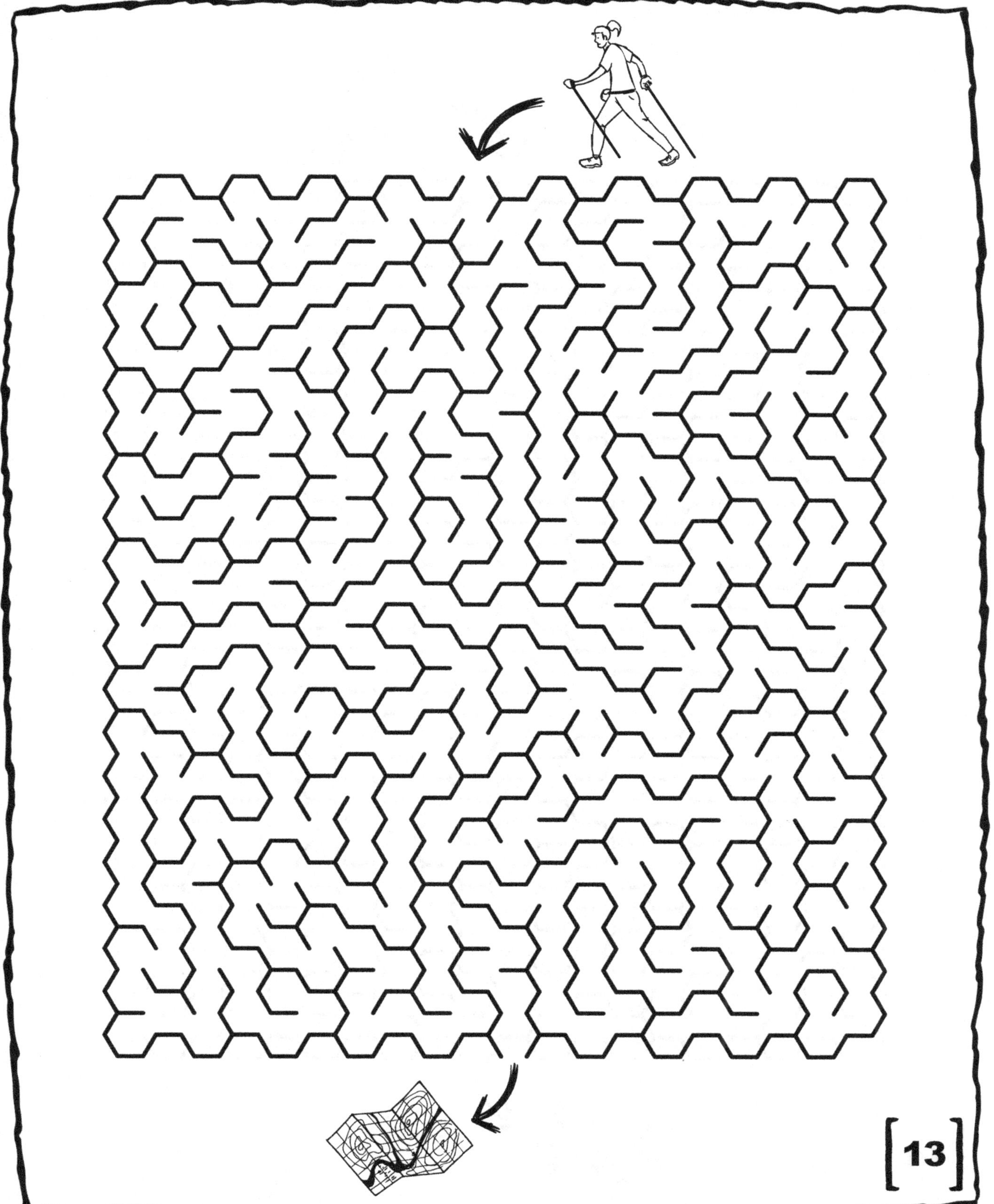

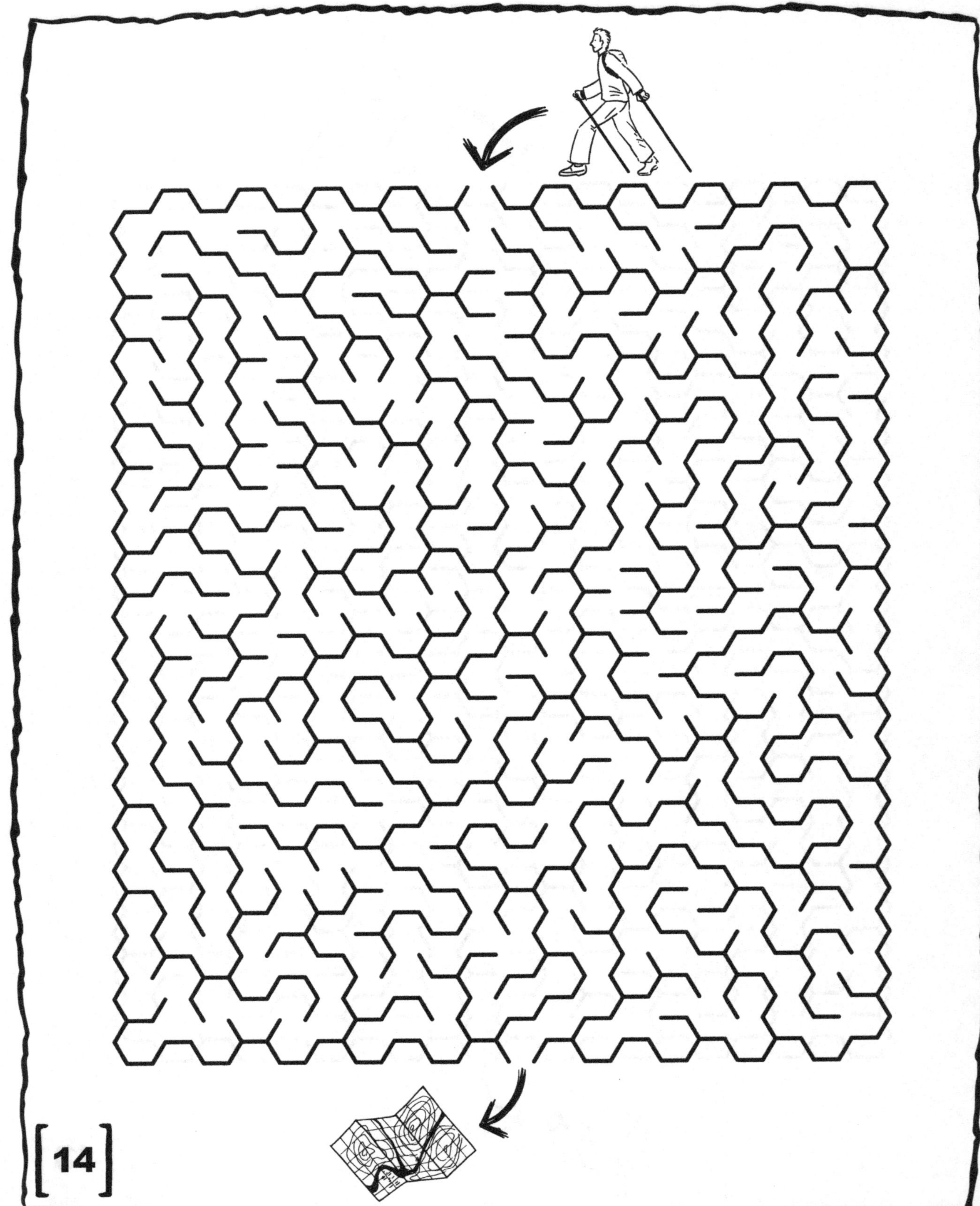

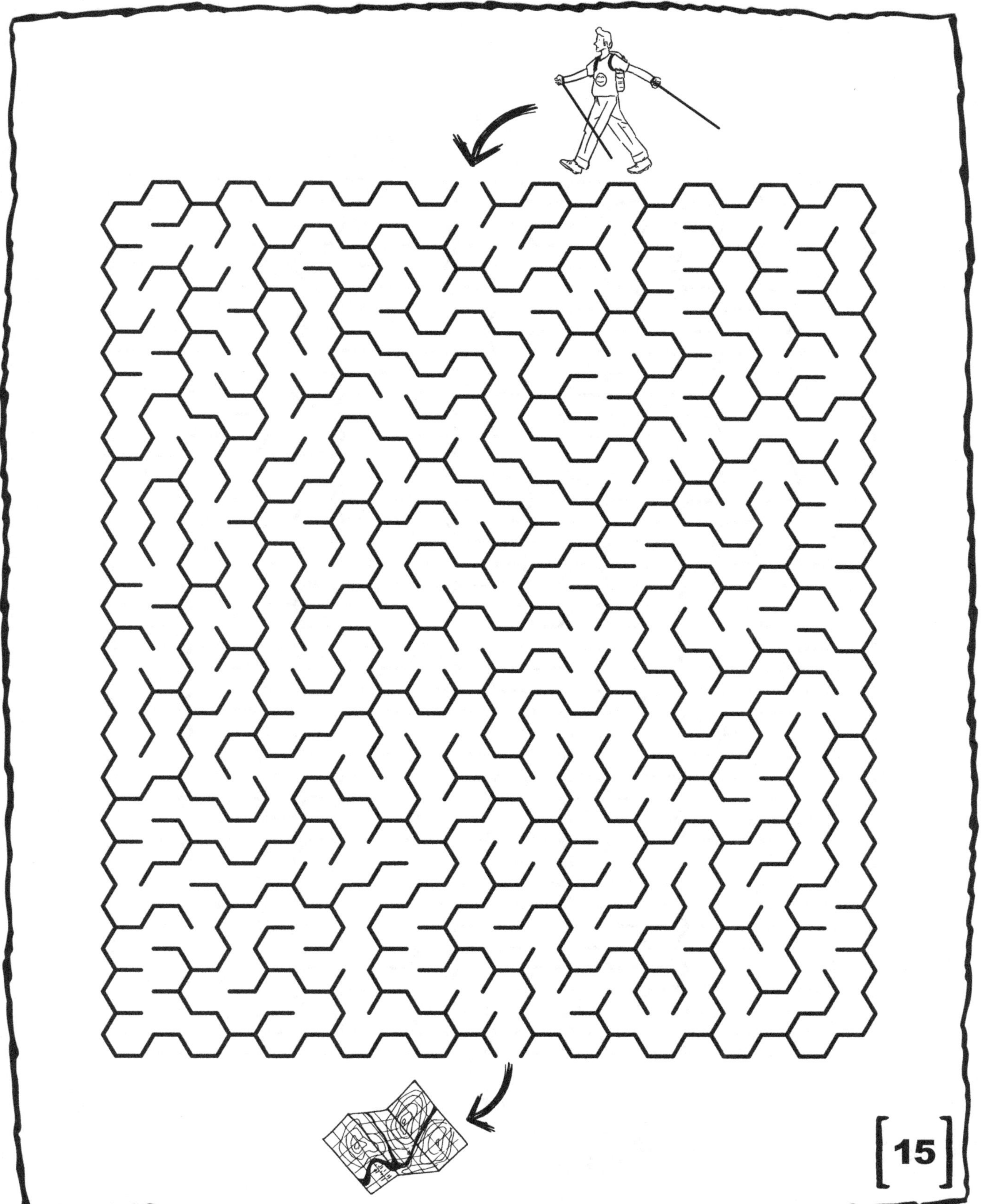

[15]

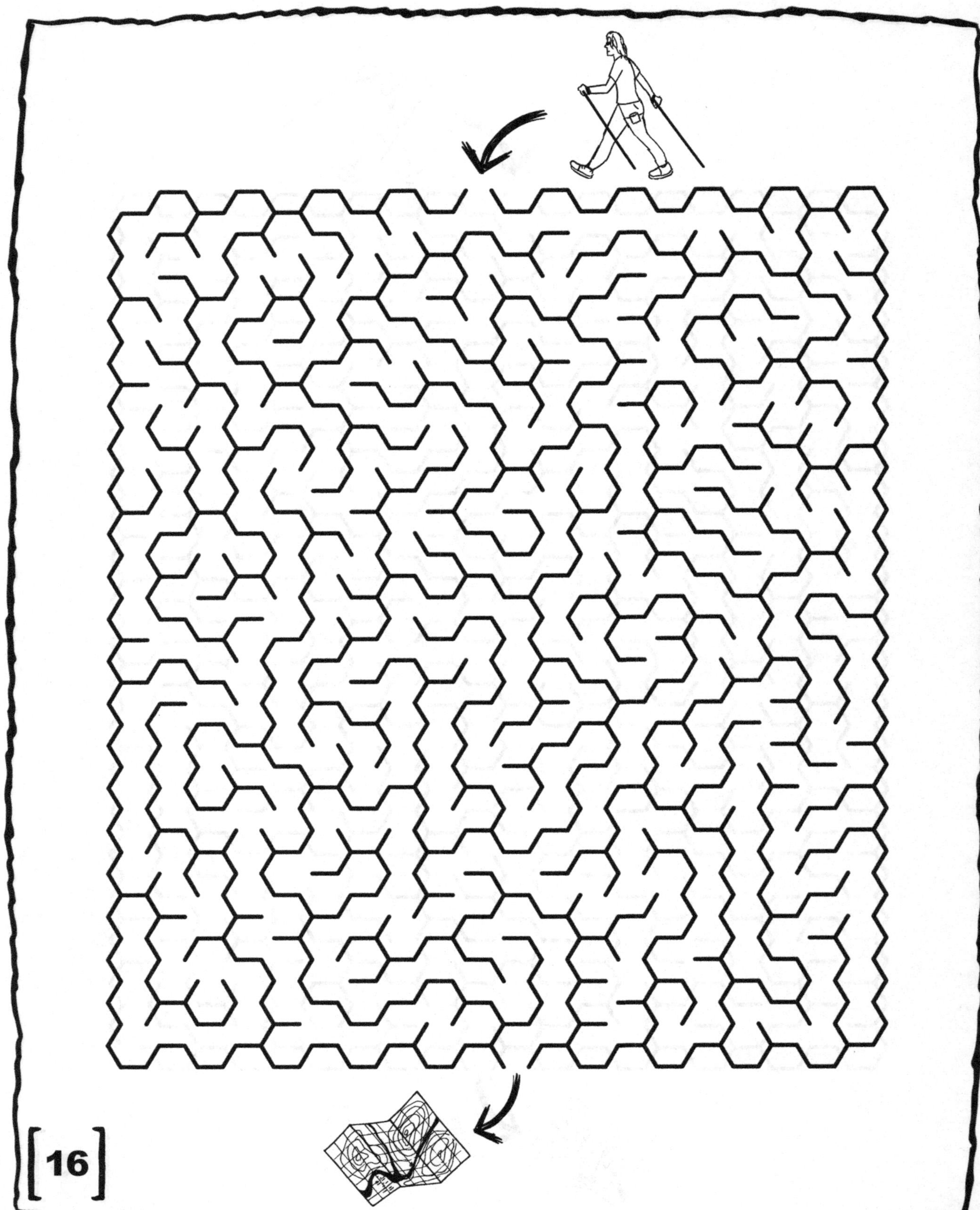

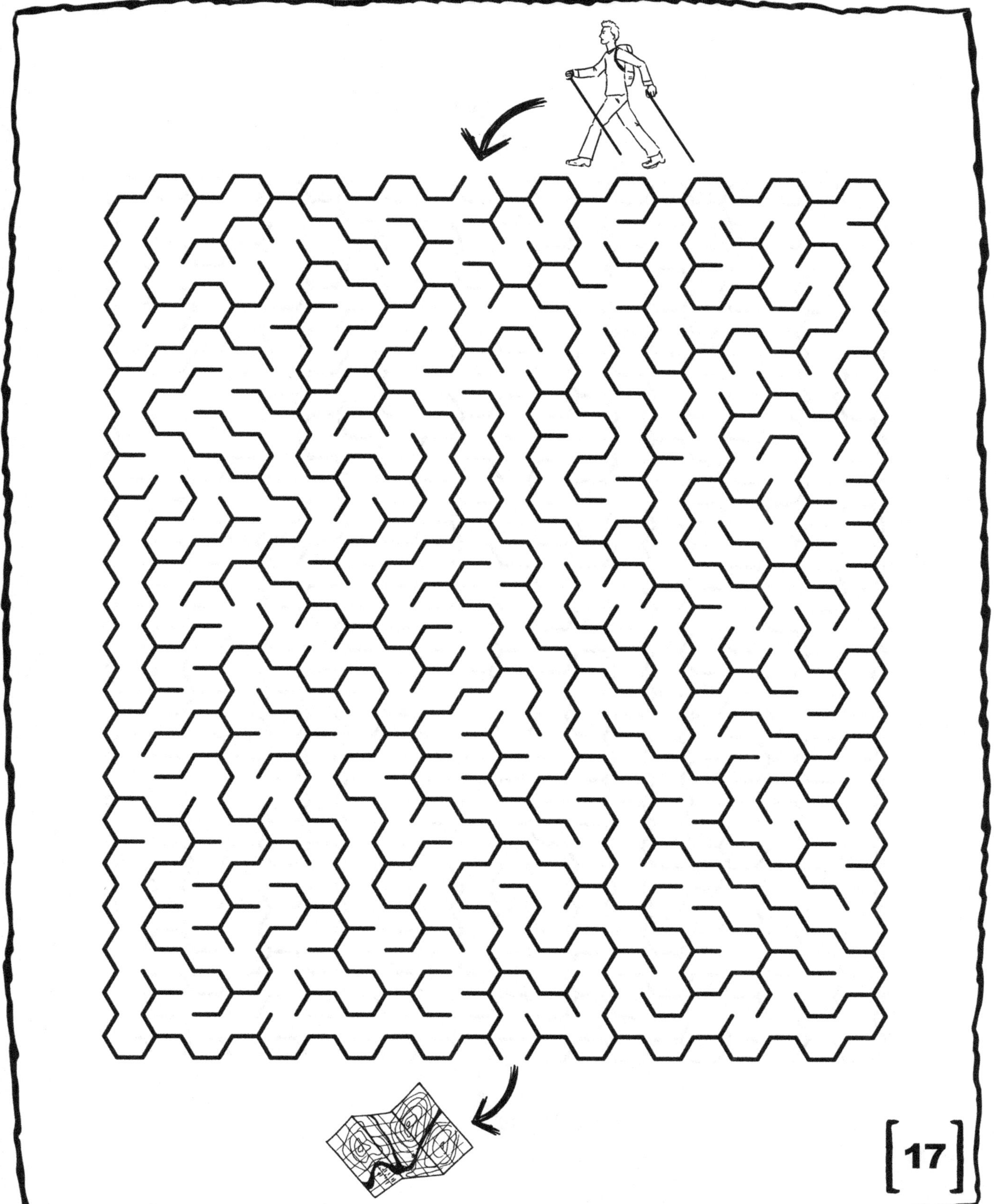

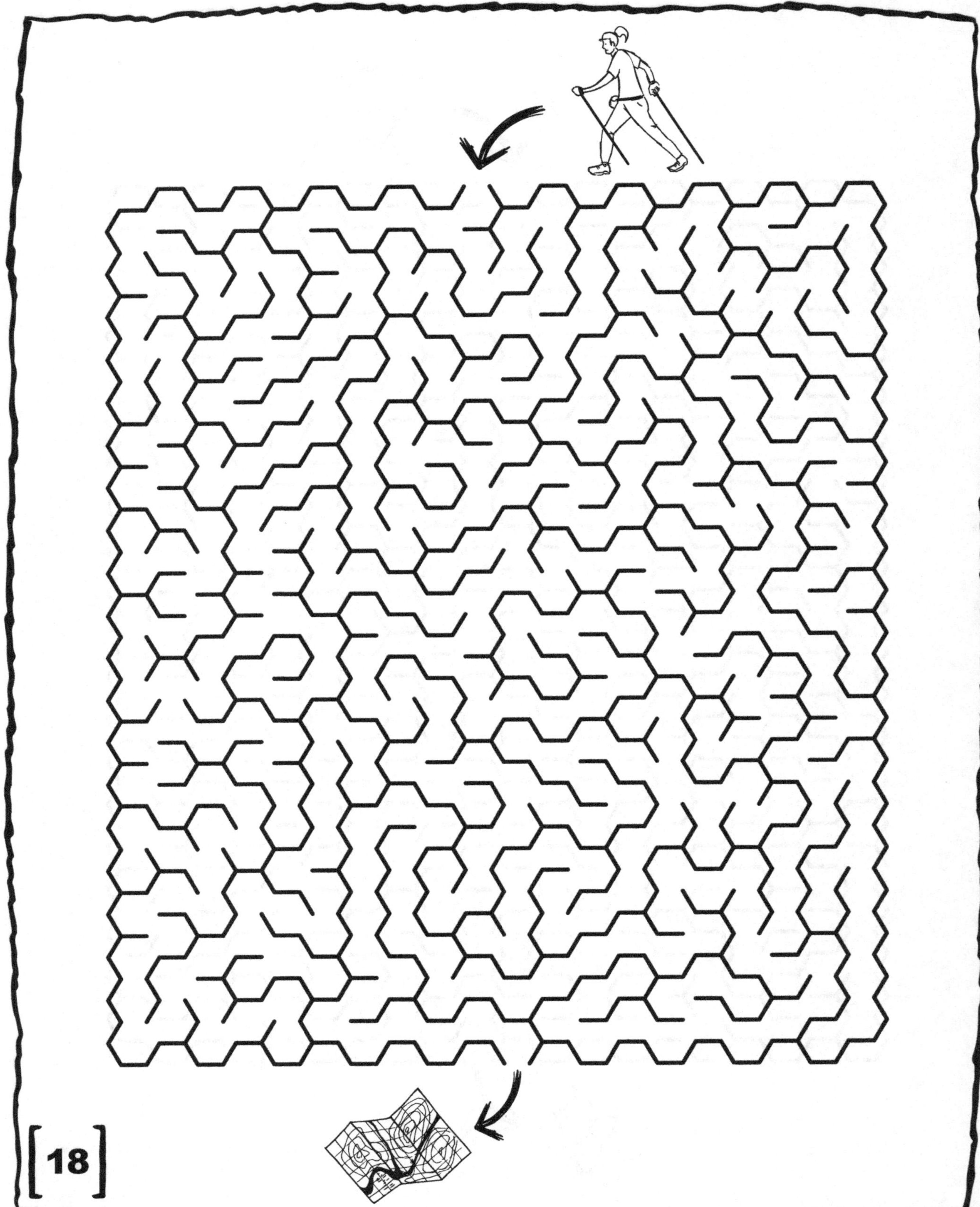

[18]

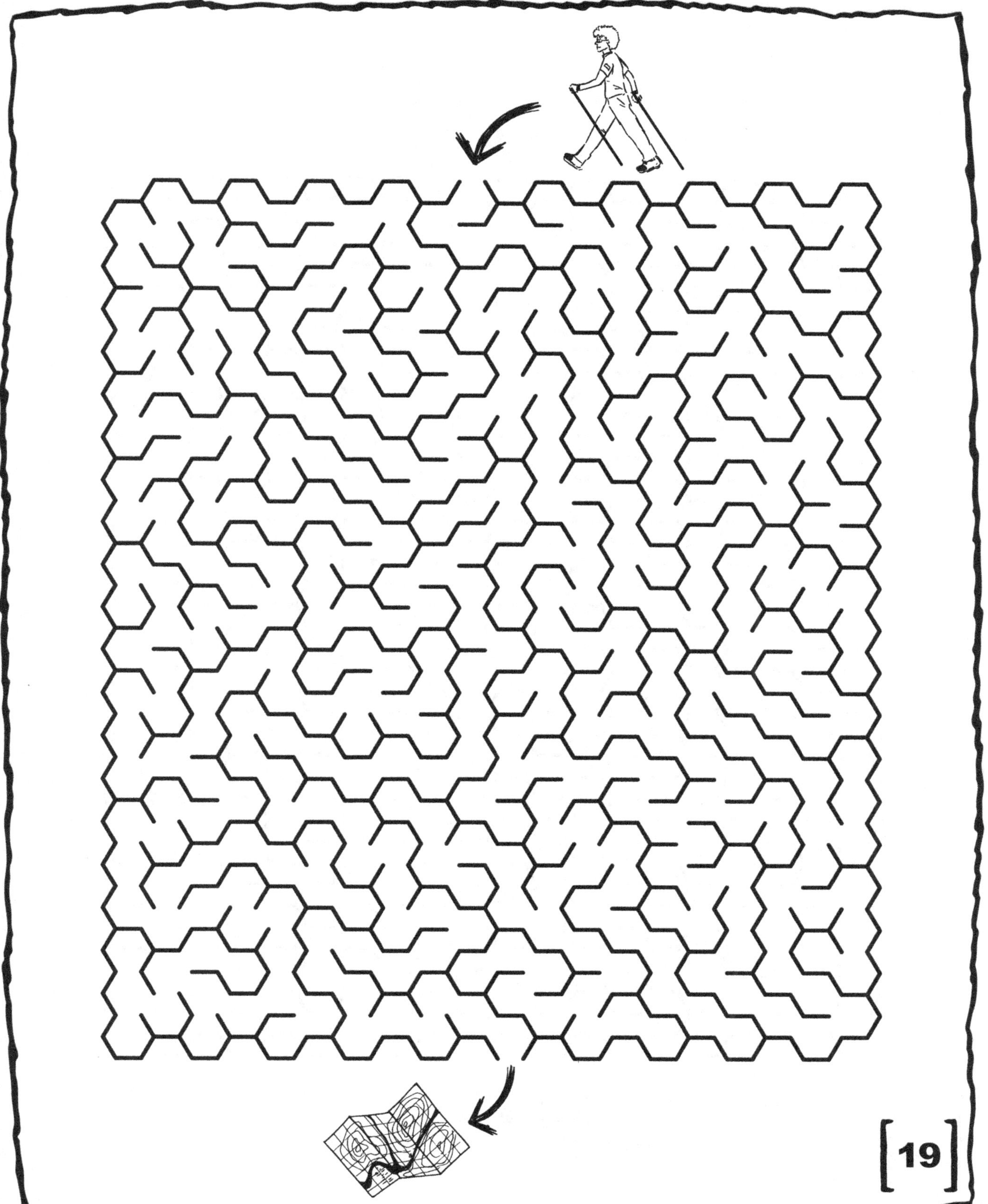

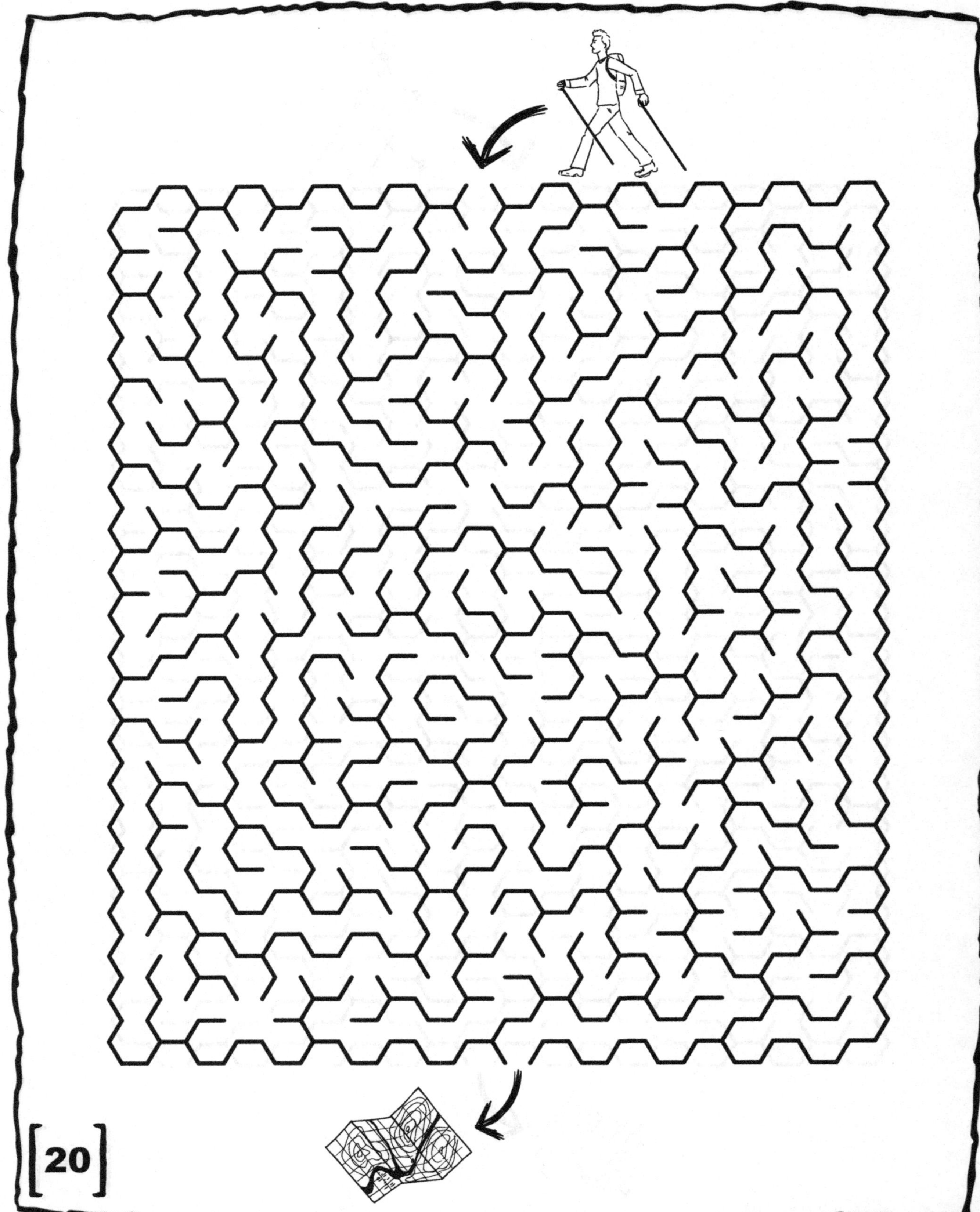

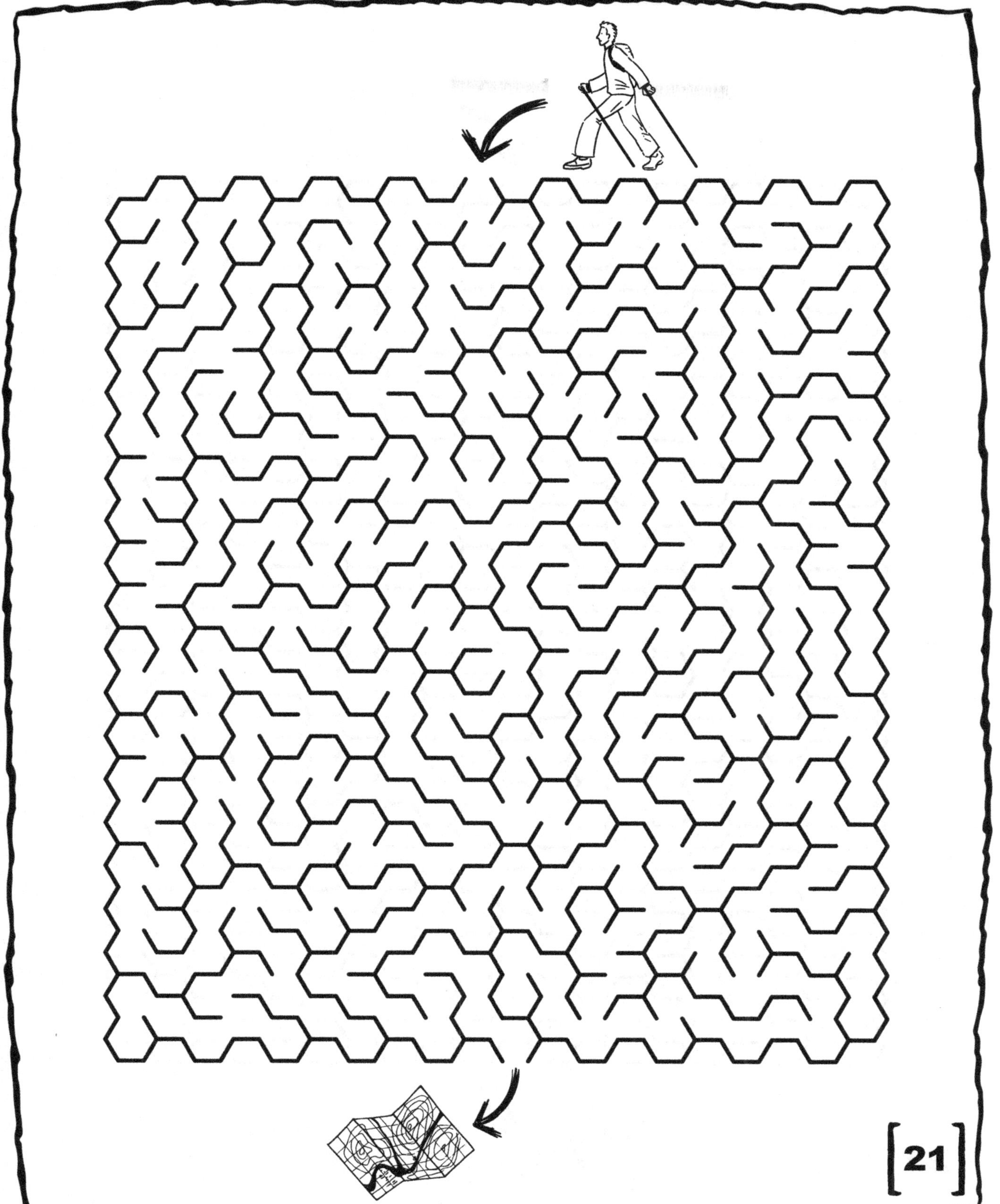

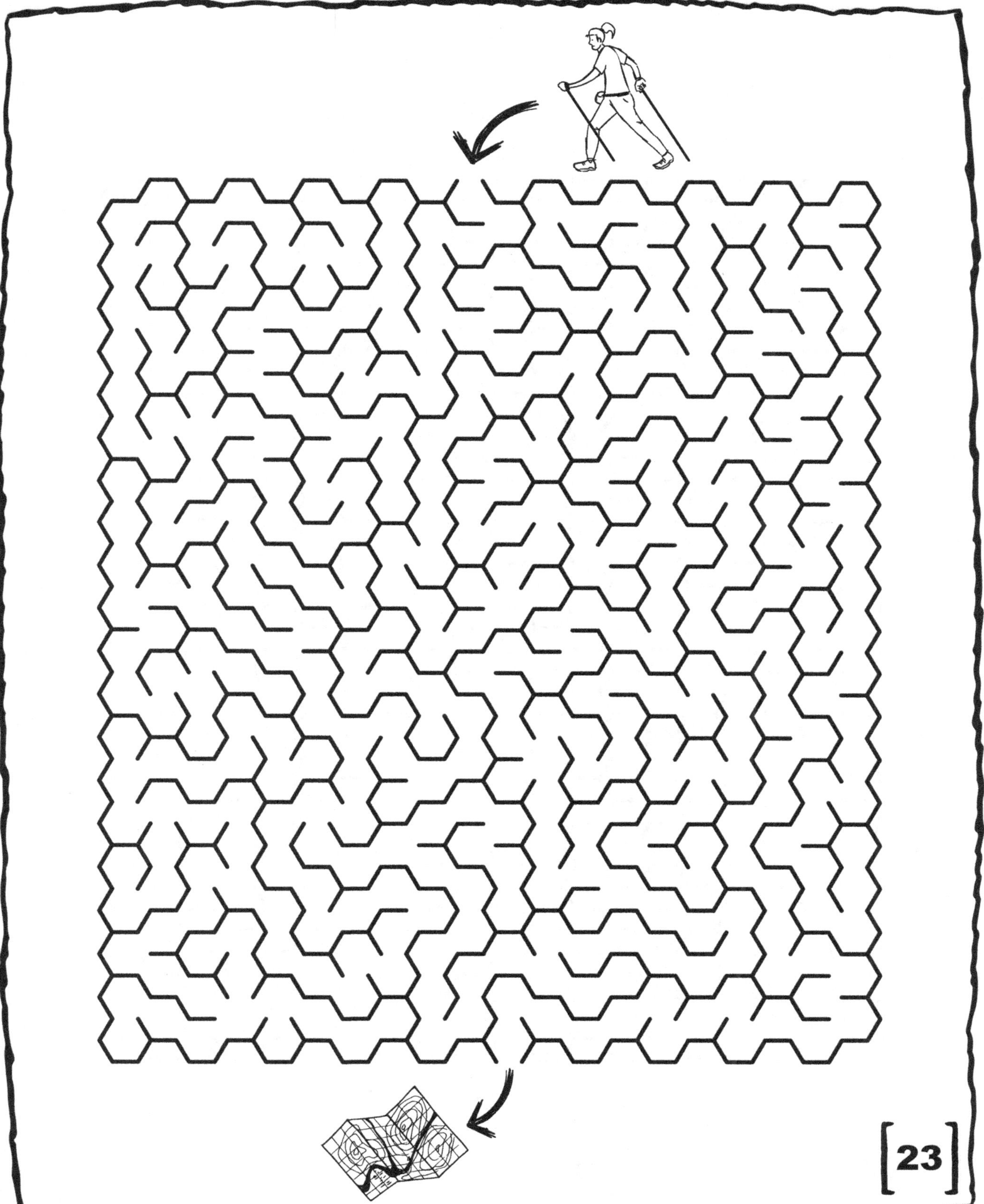

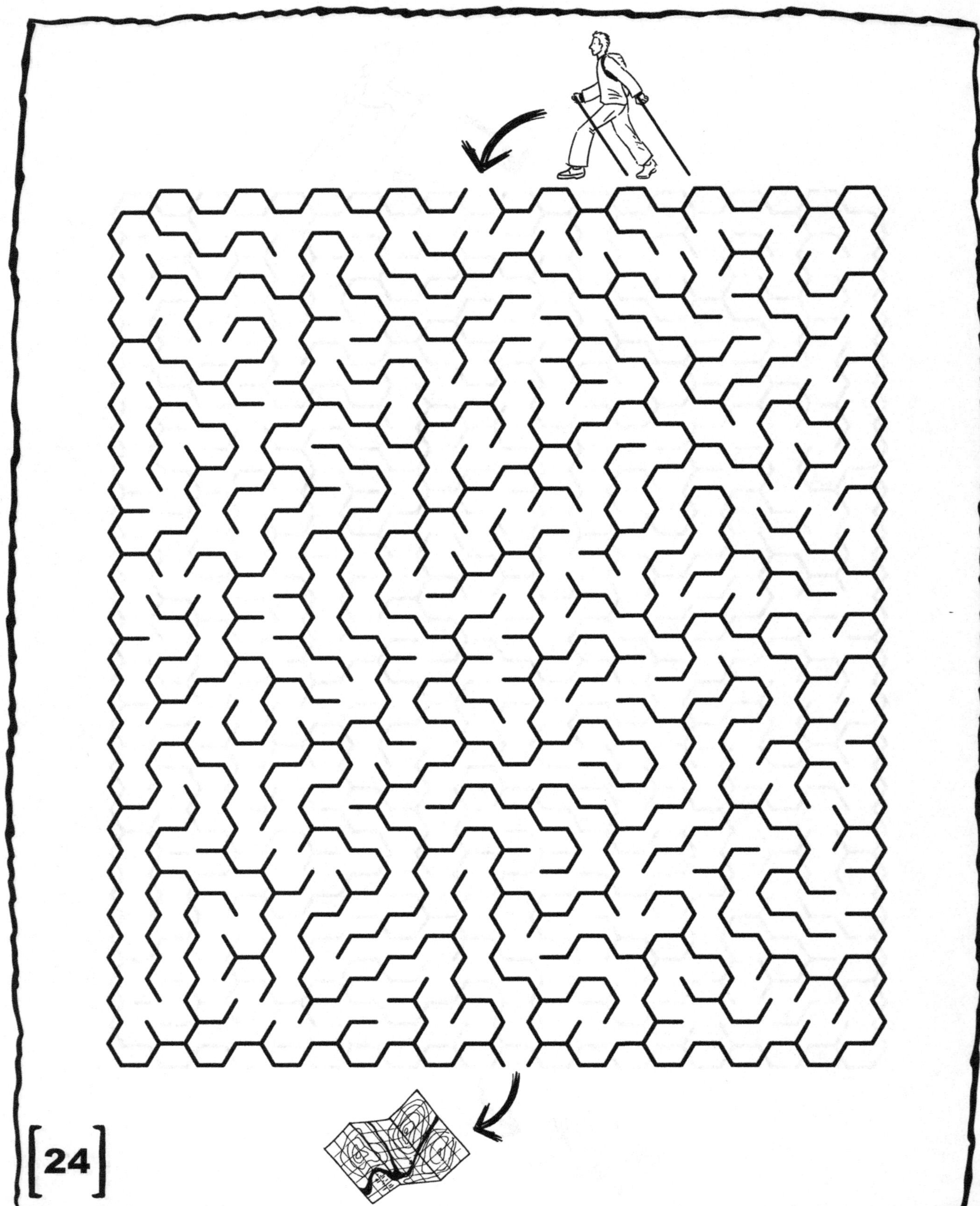

24

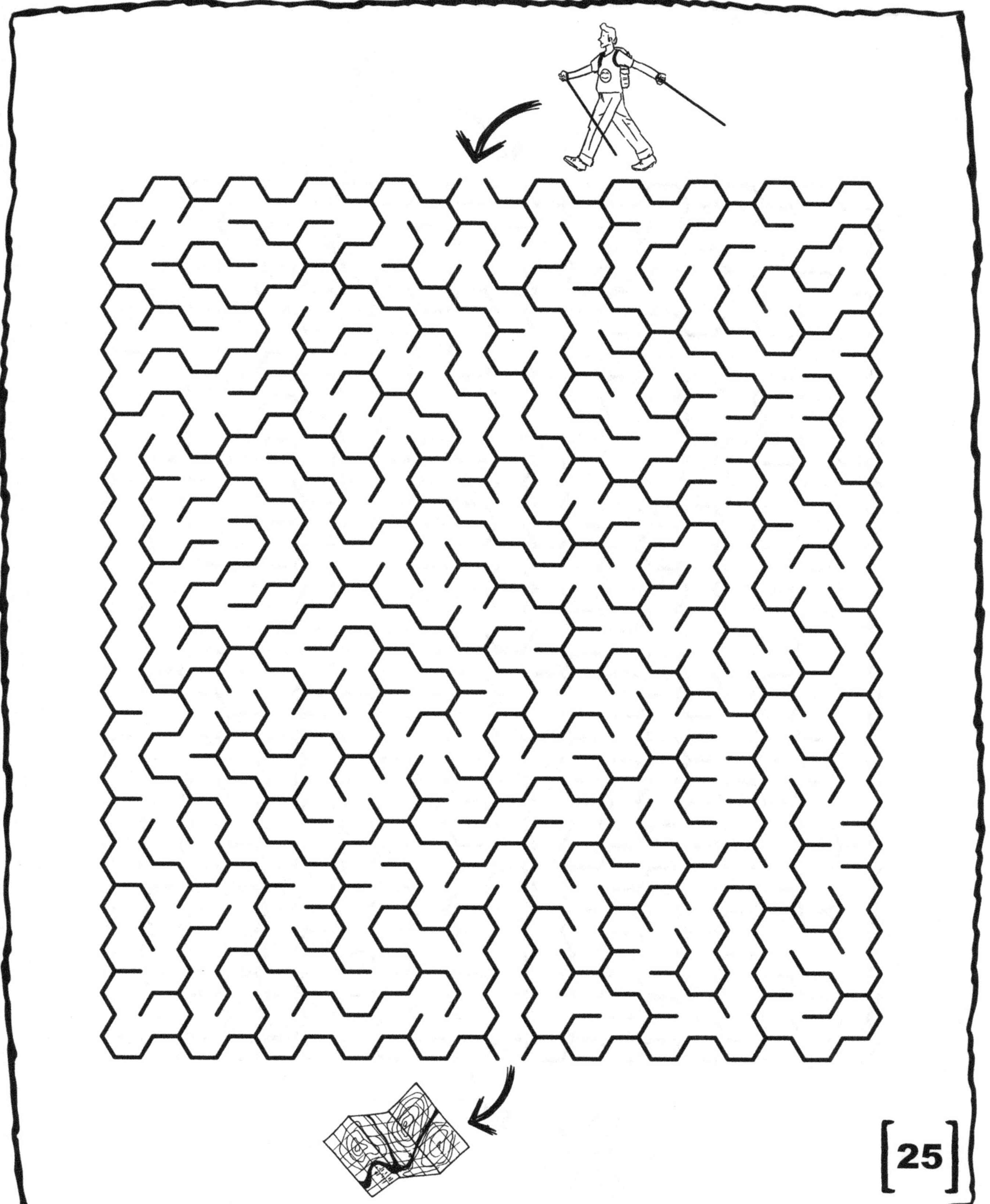

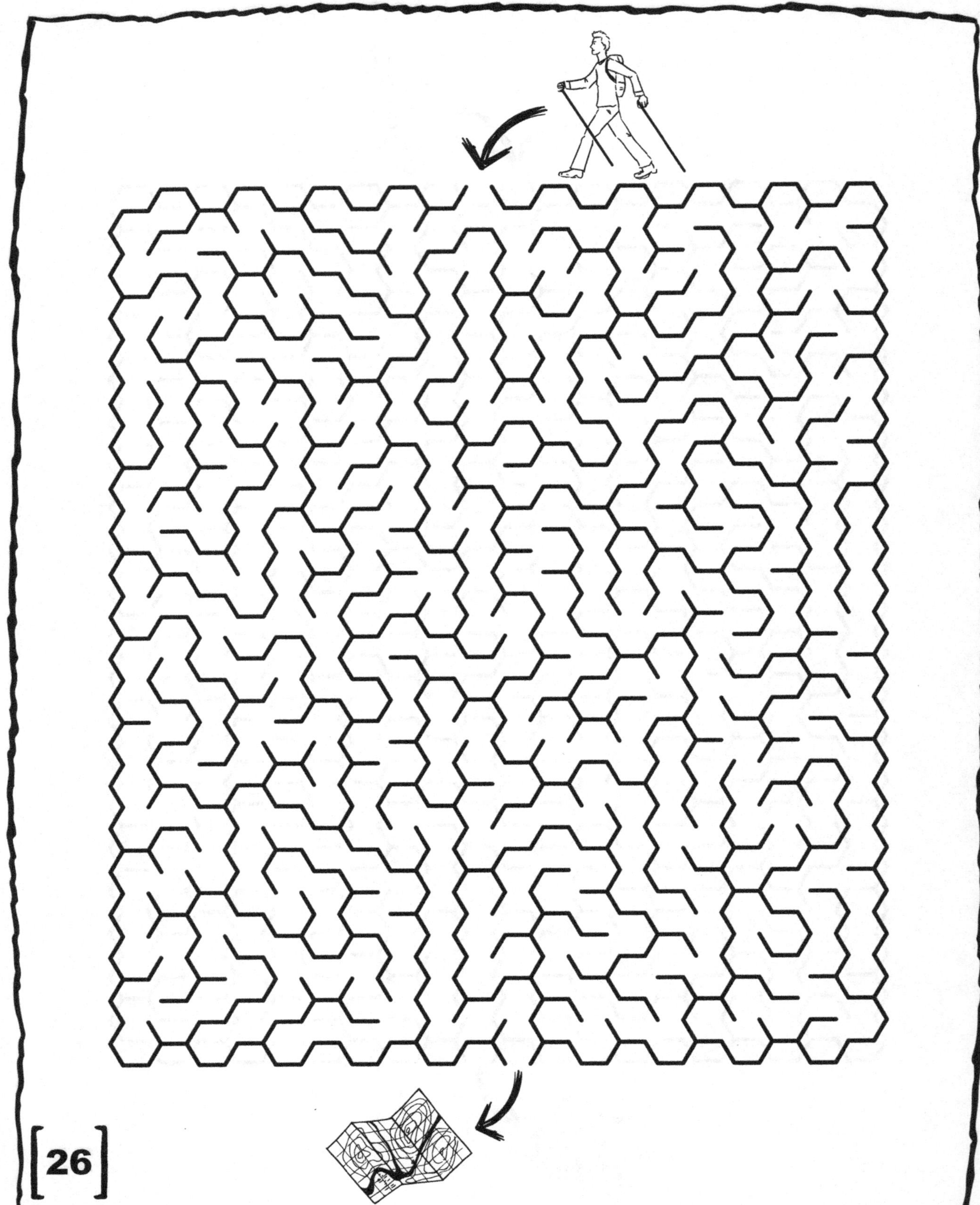

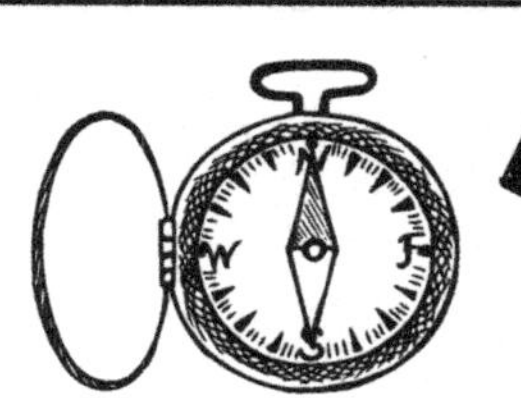

W

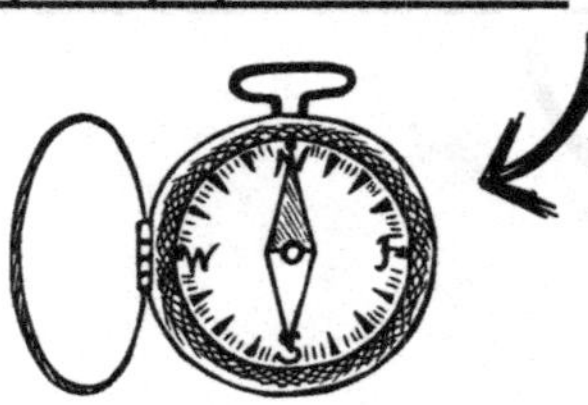

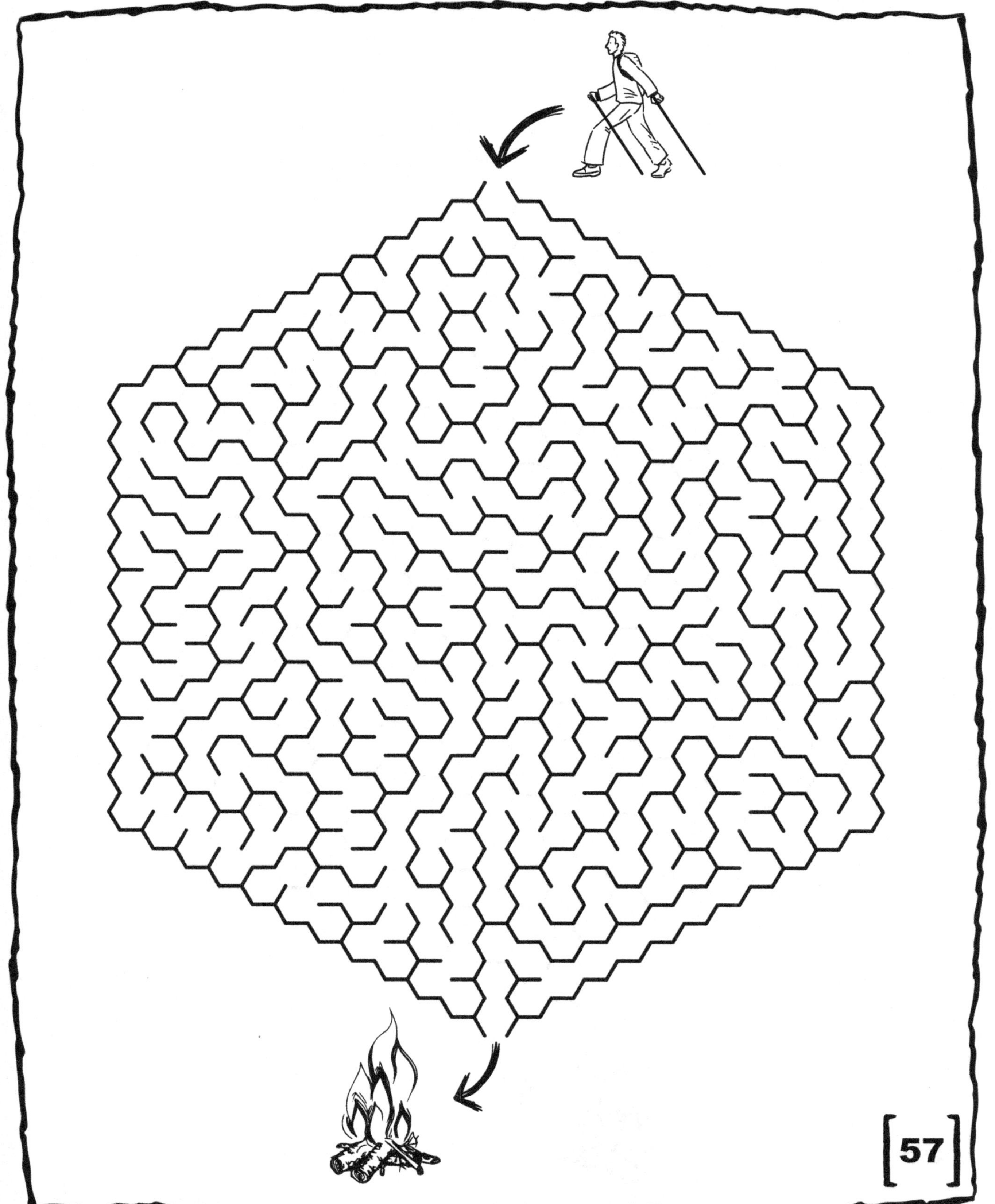

[57]

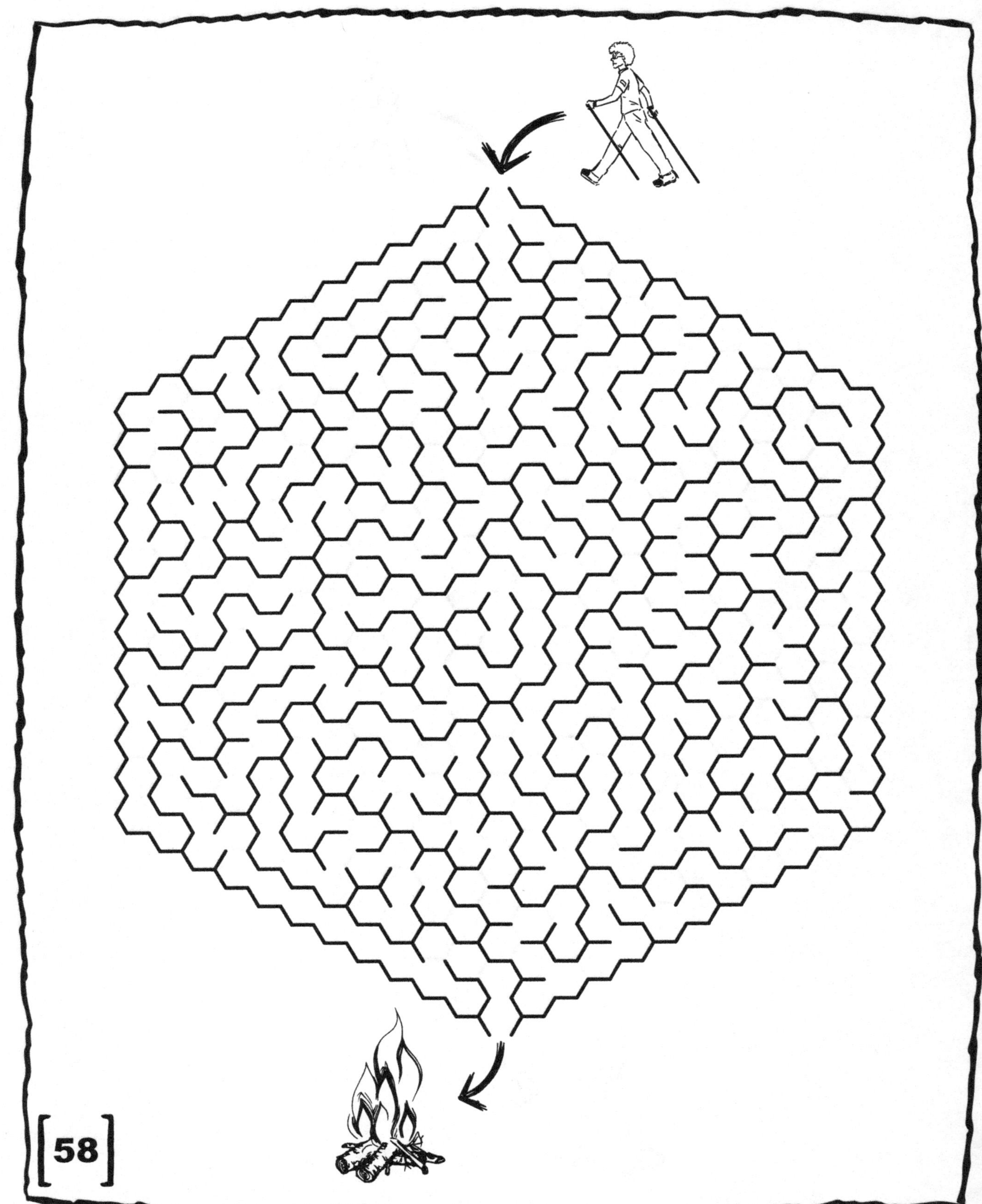

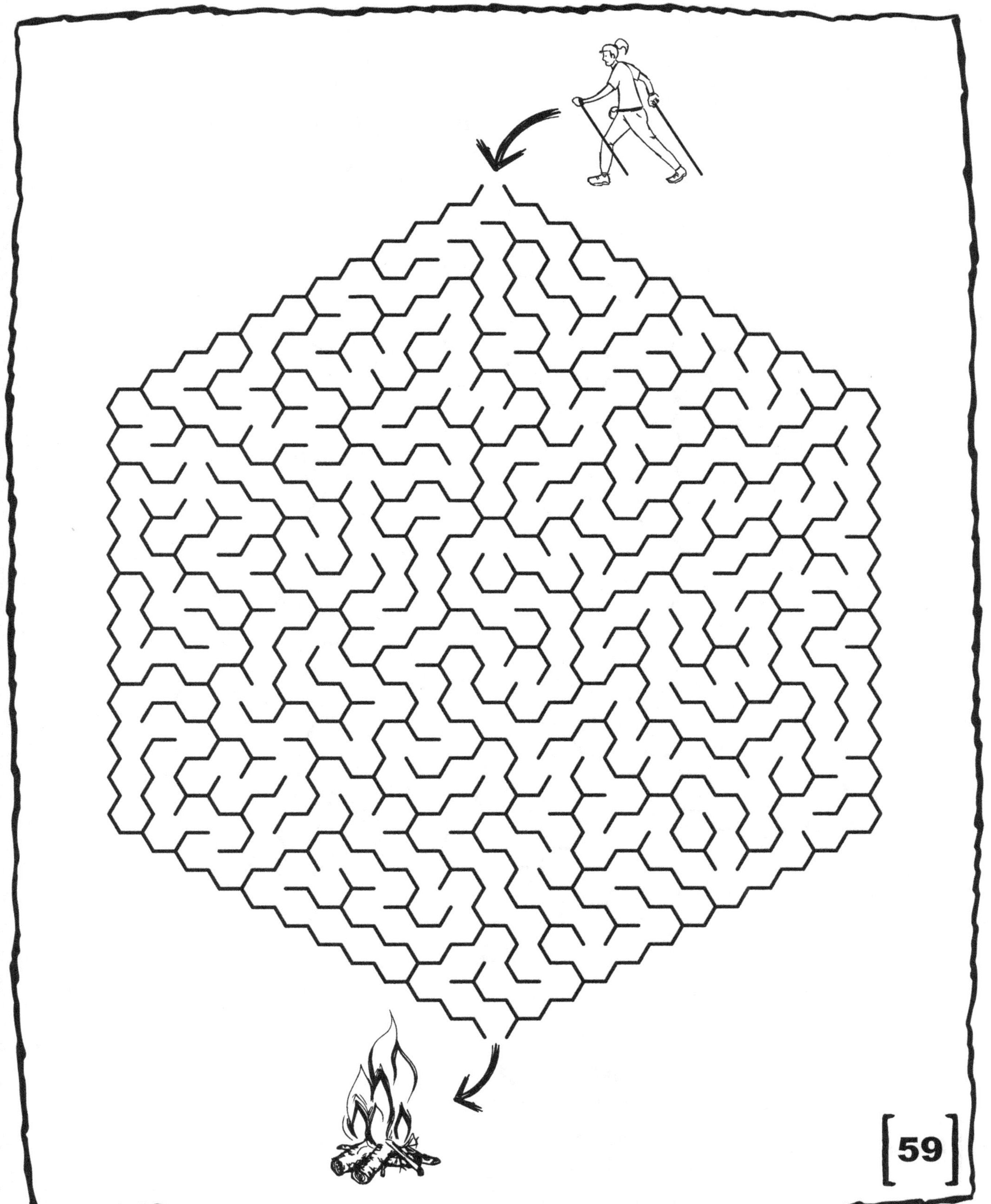

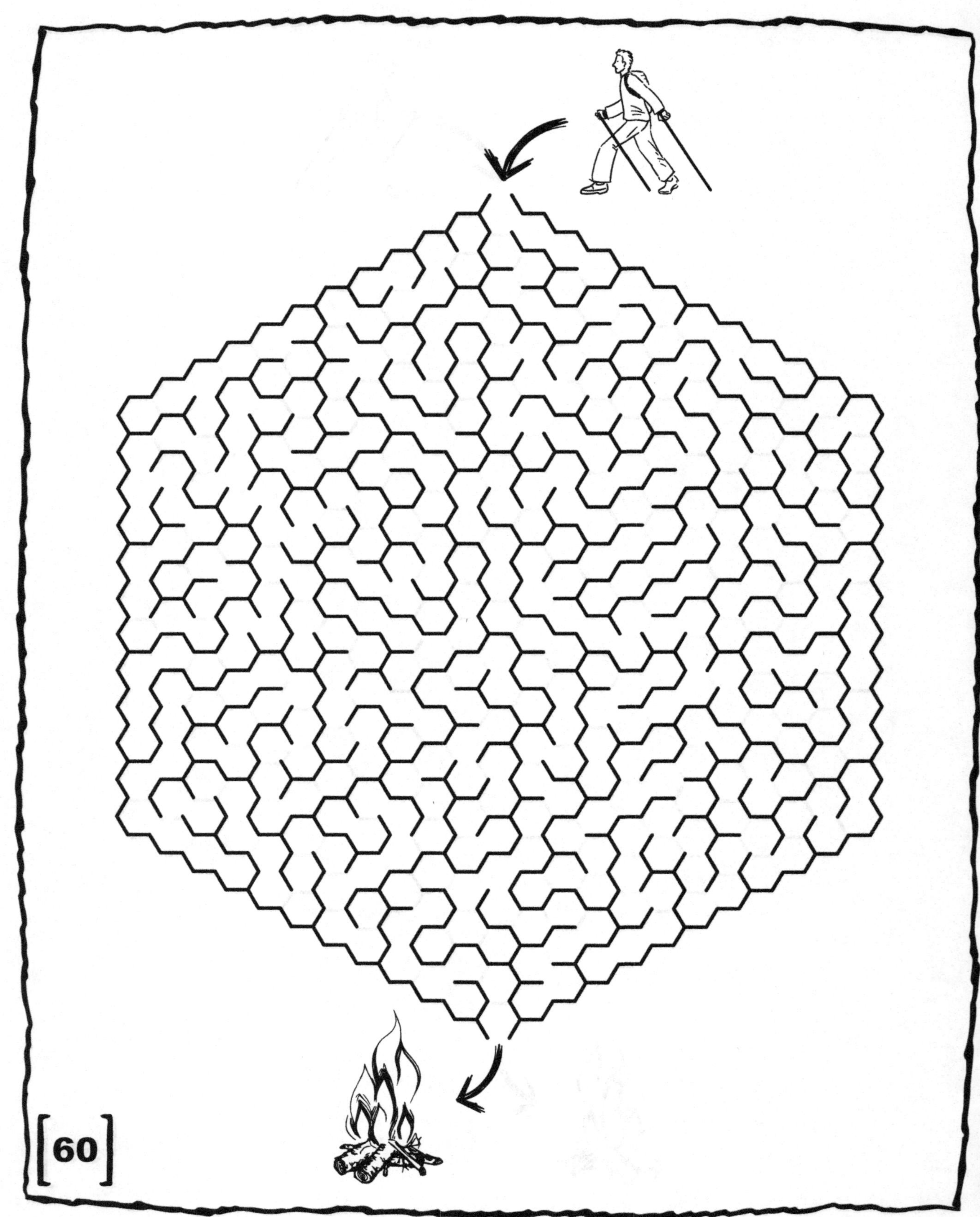

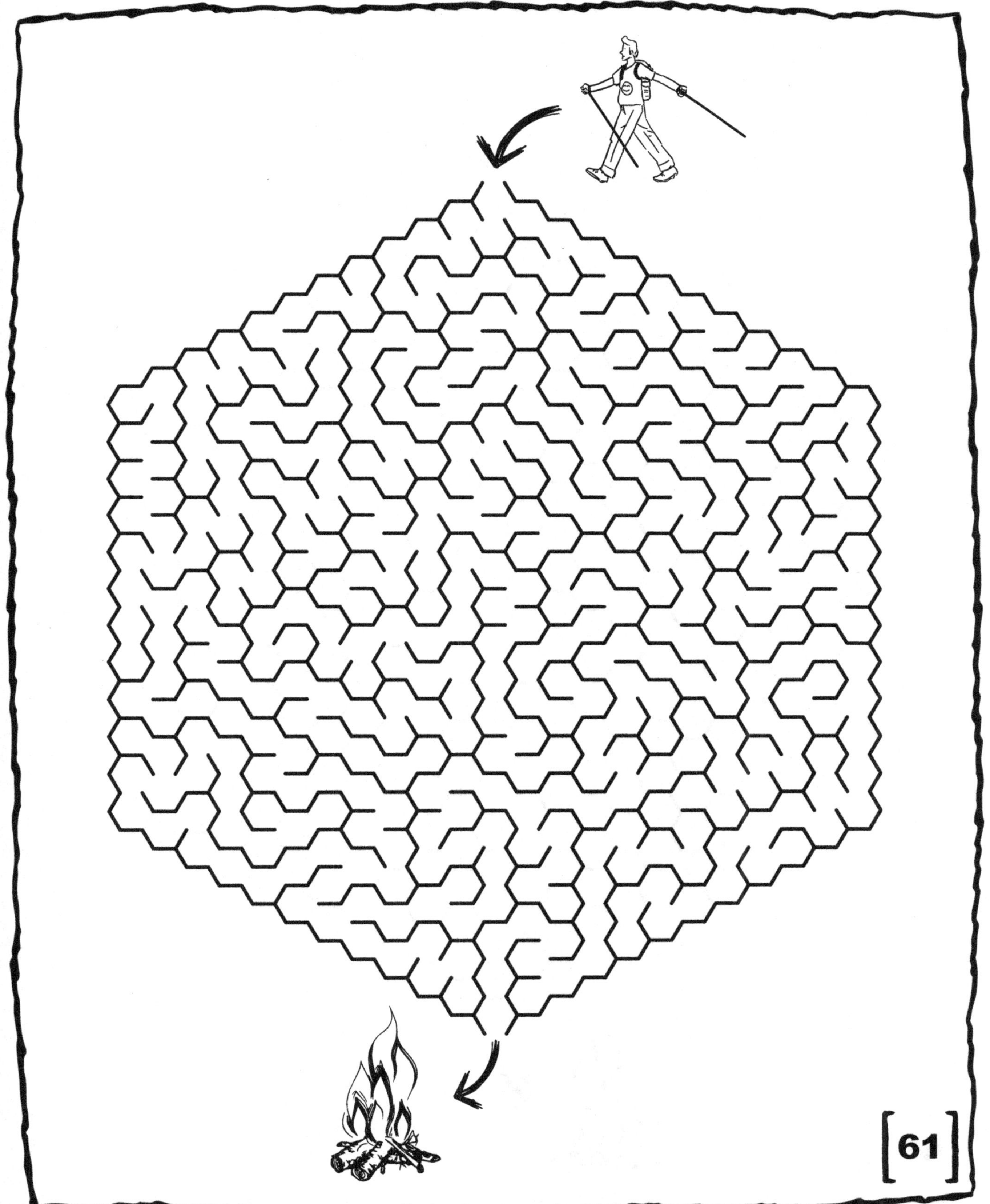

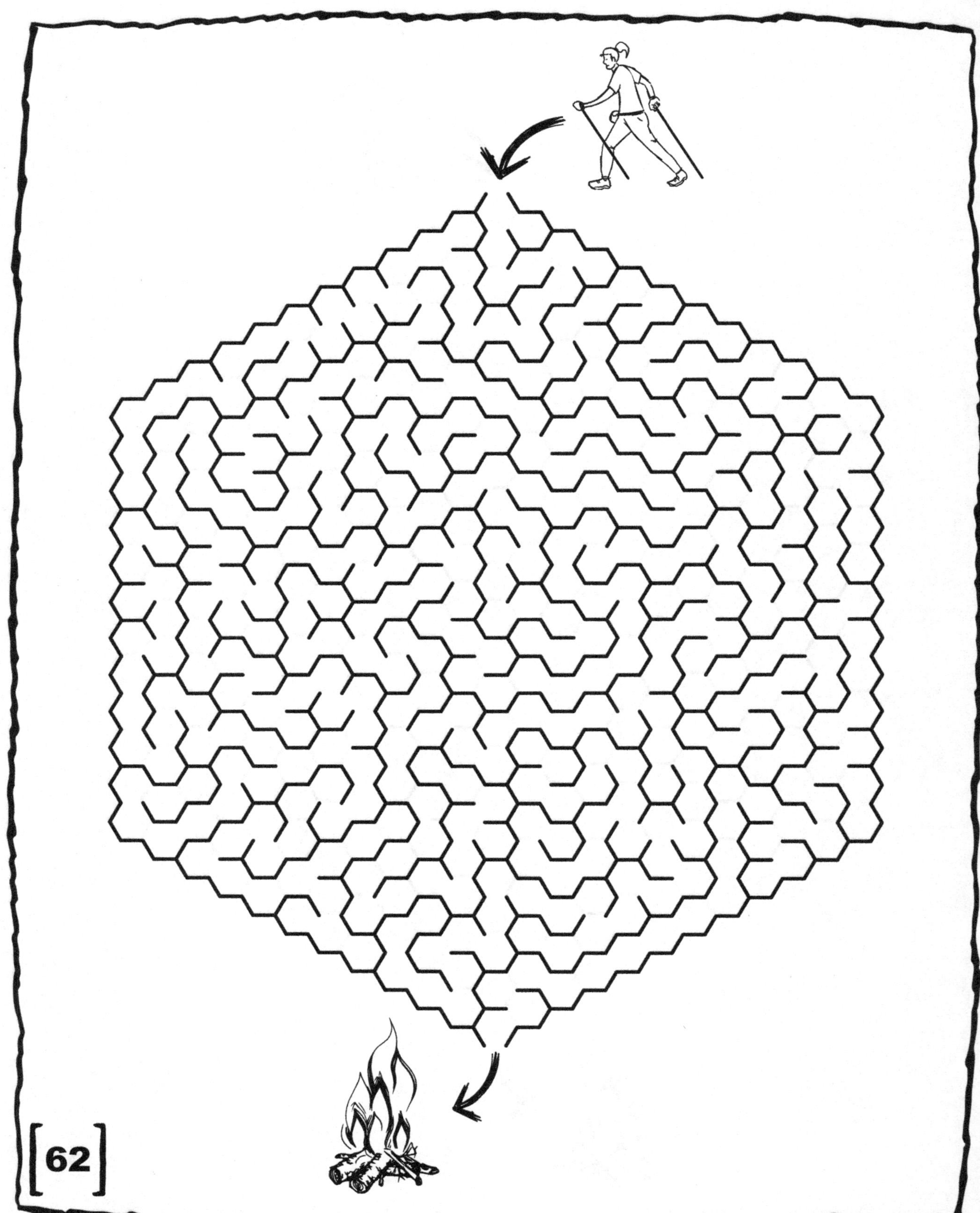

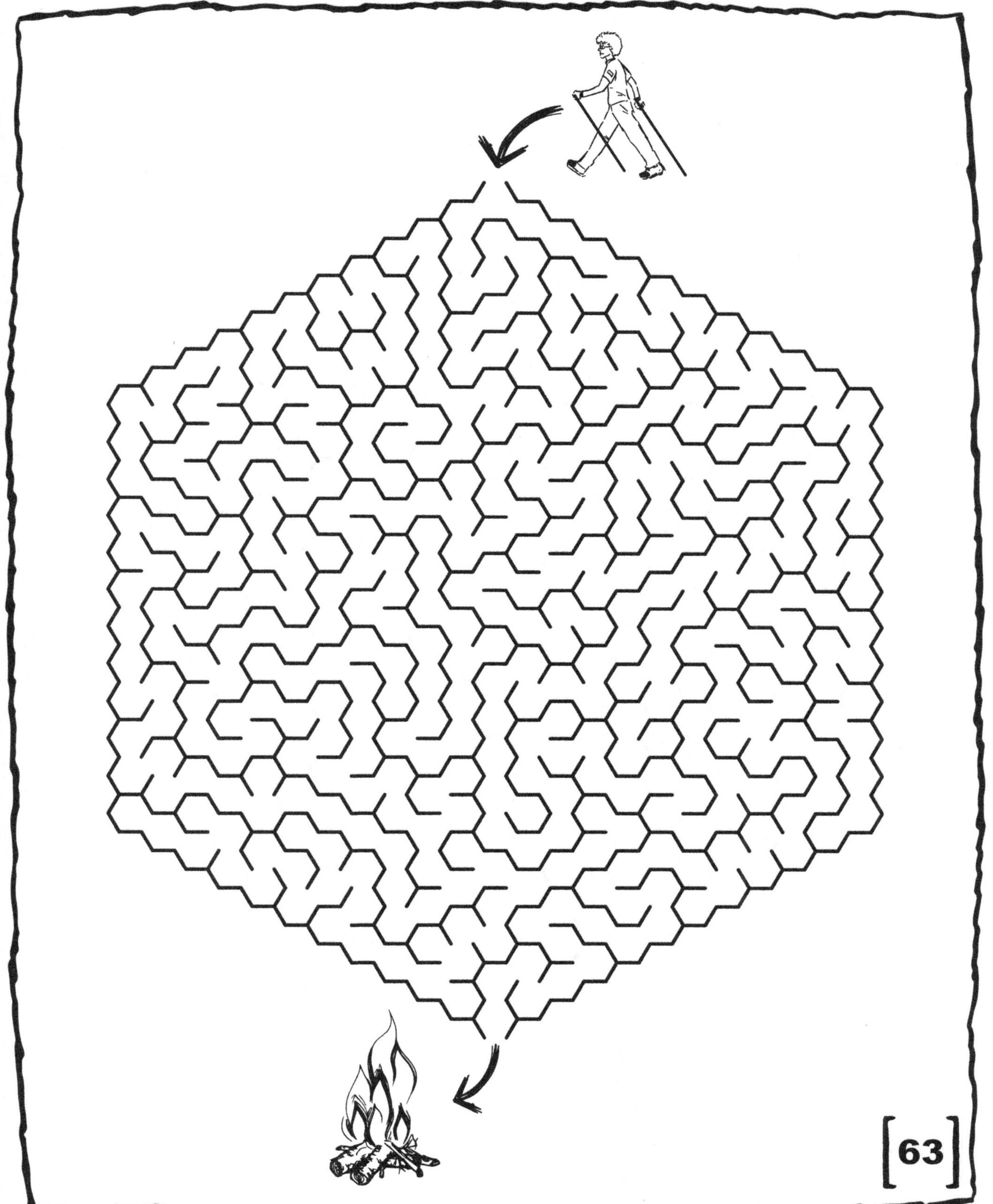

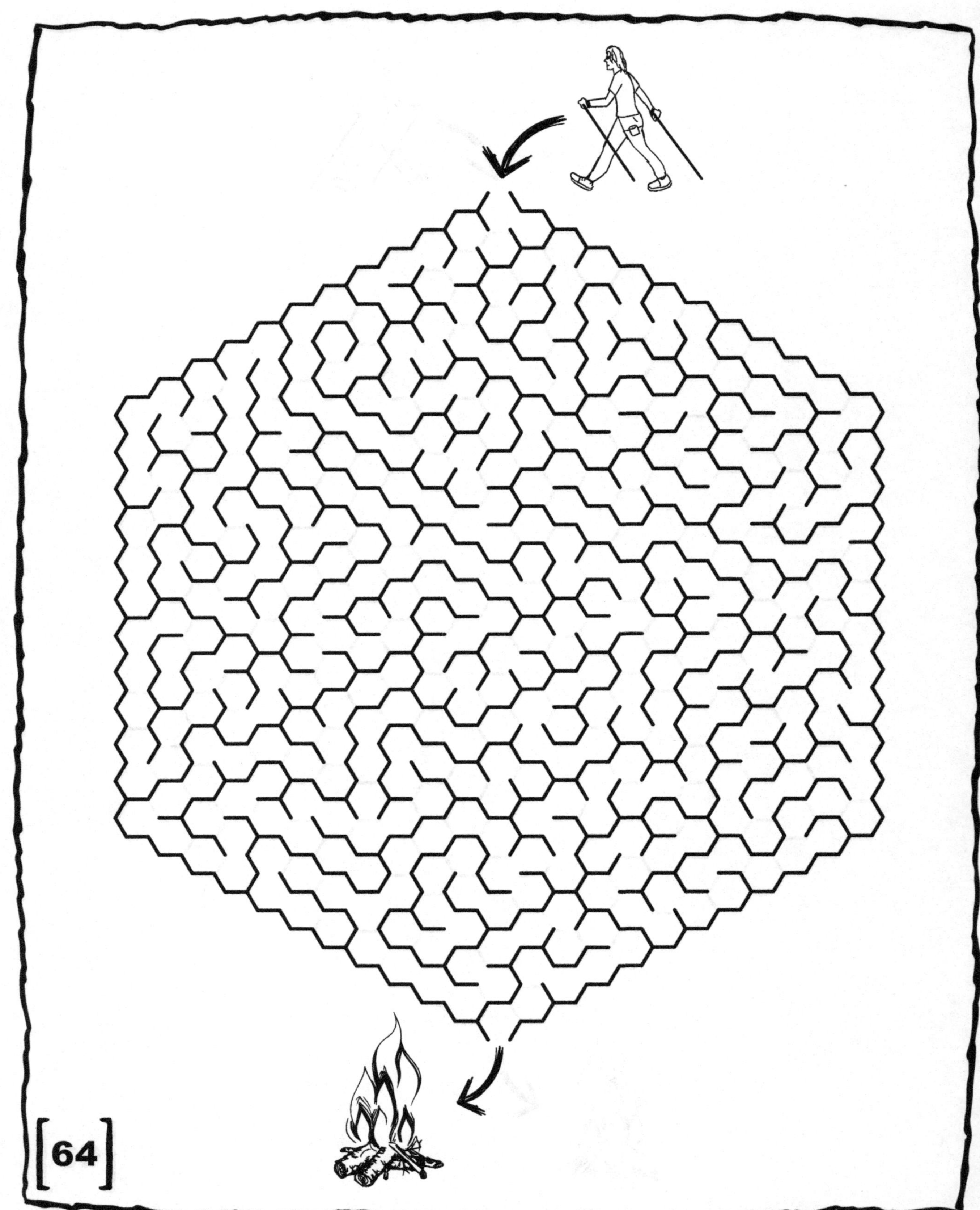

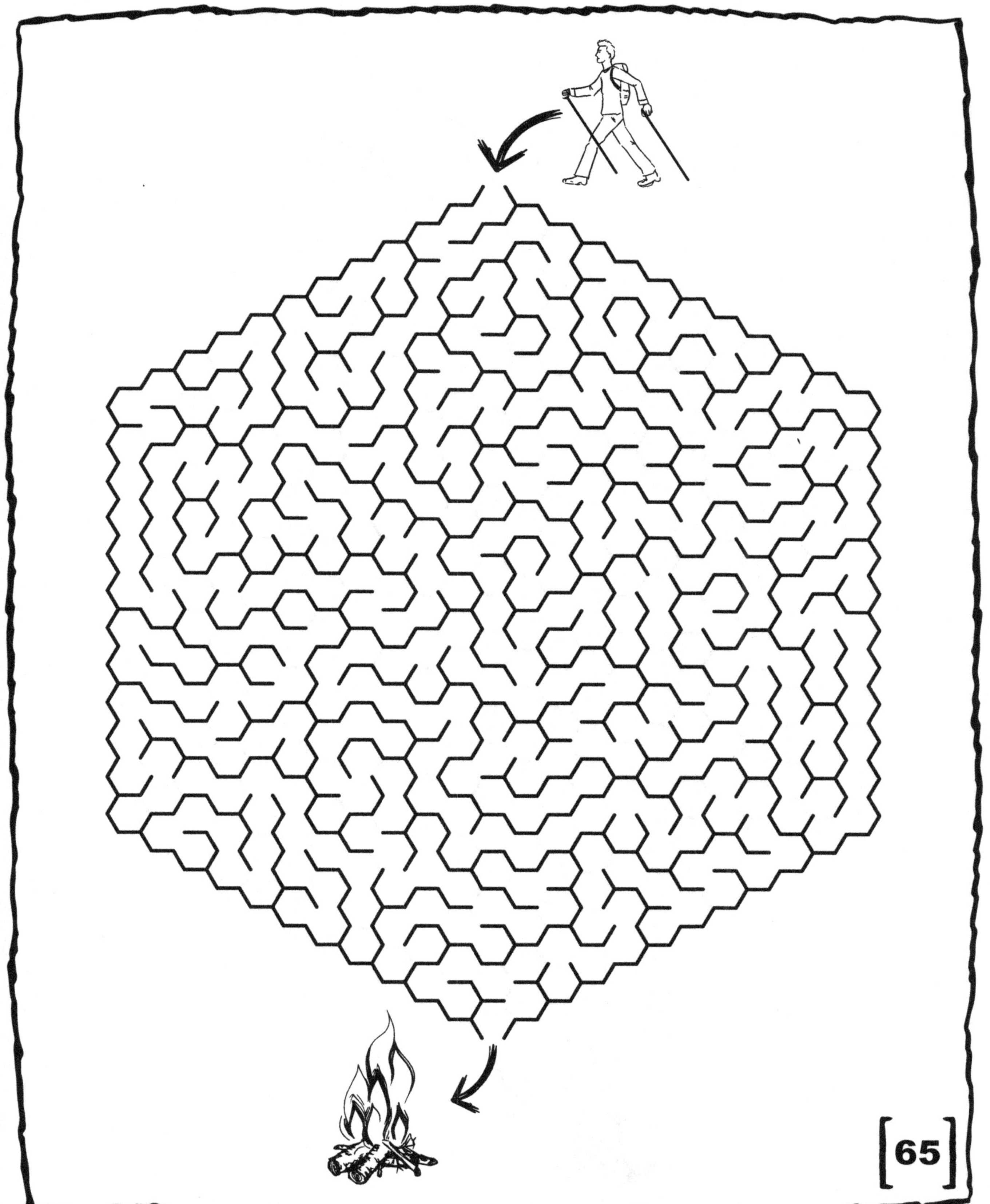

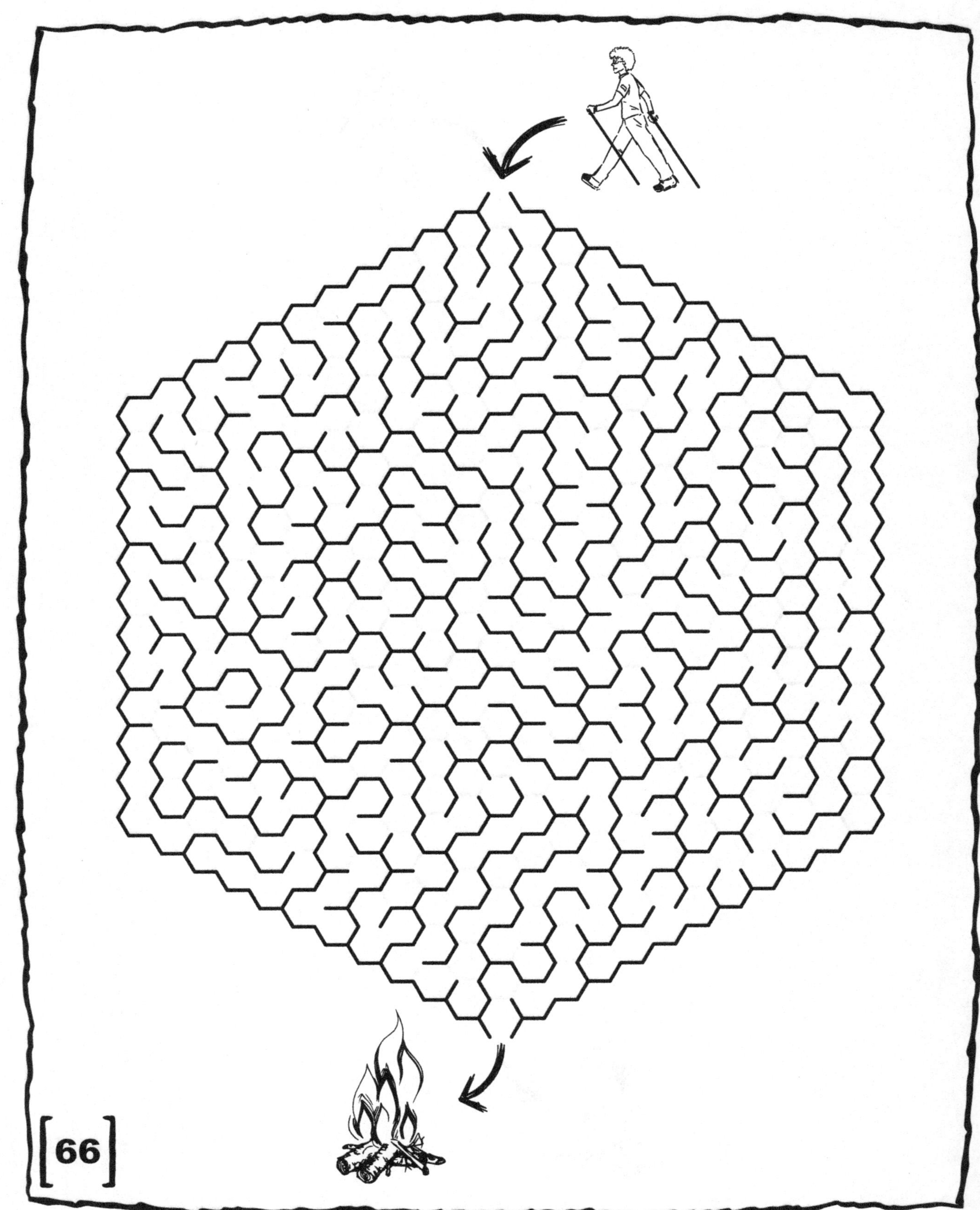

[66]

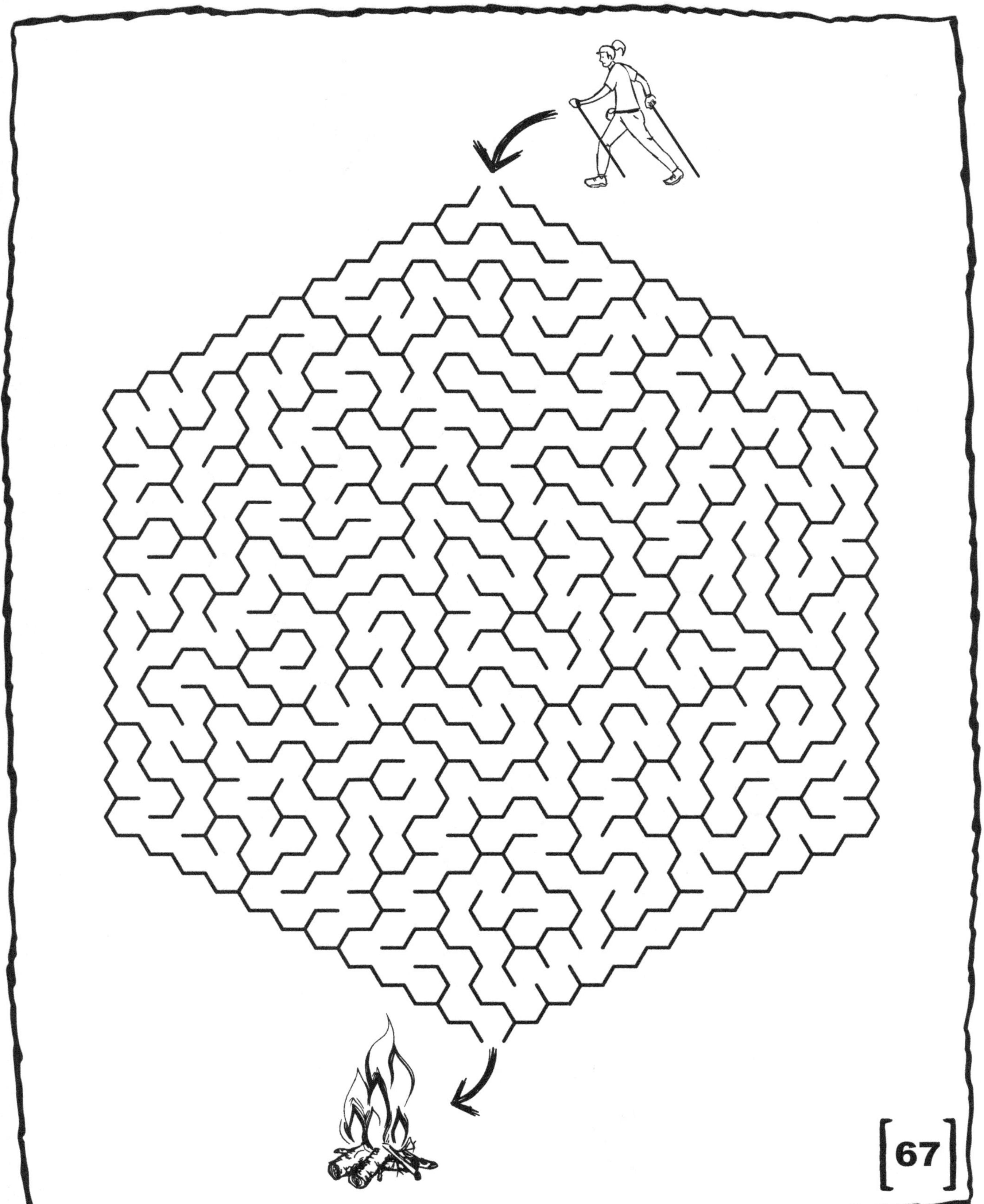

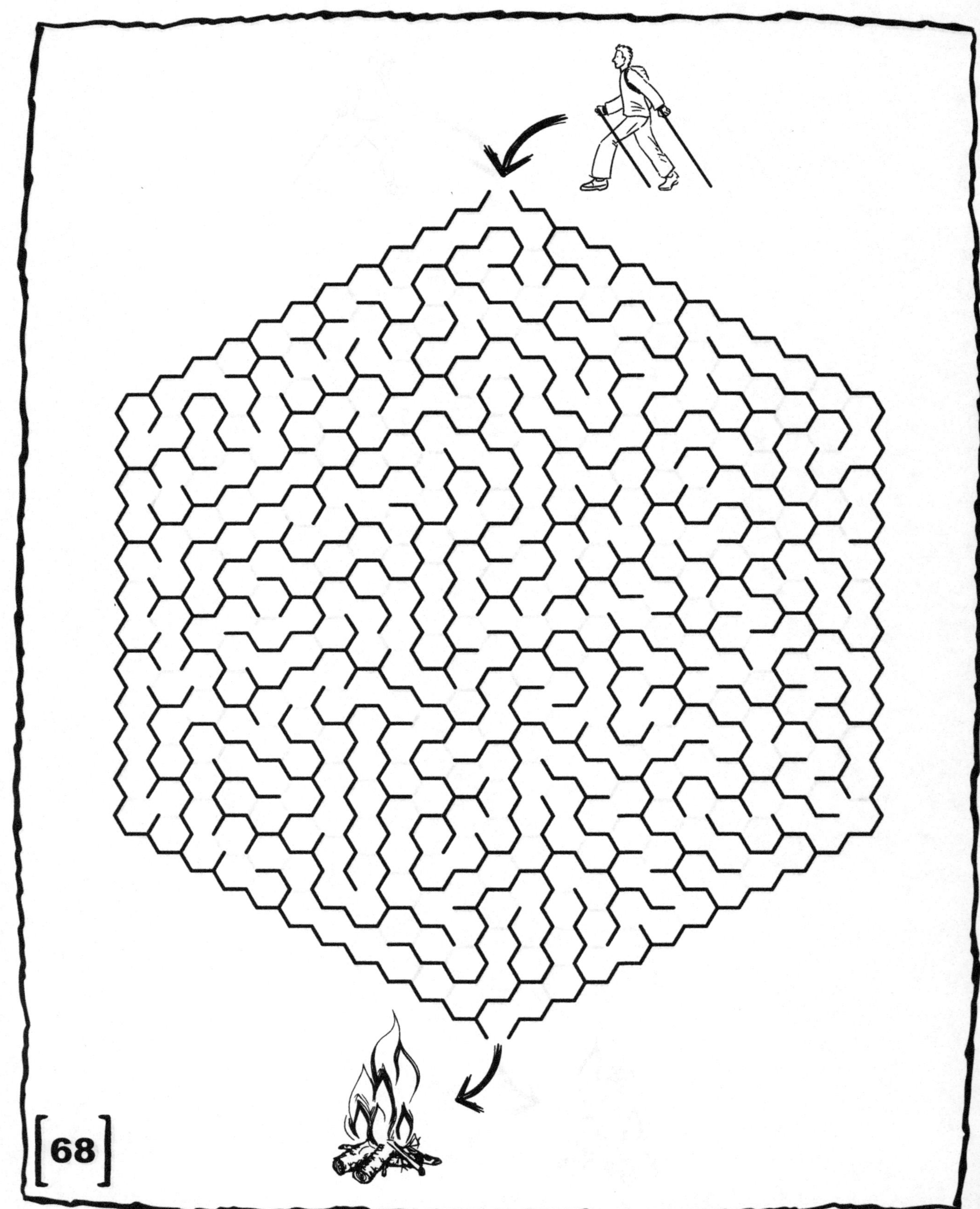

68

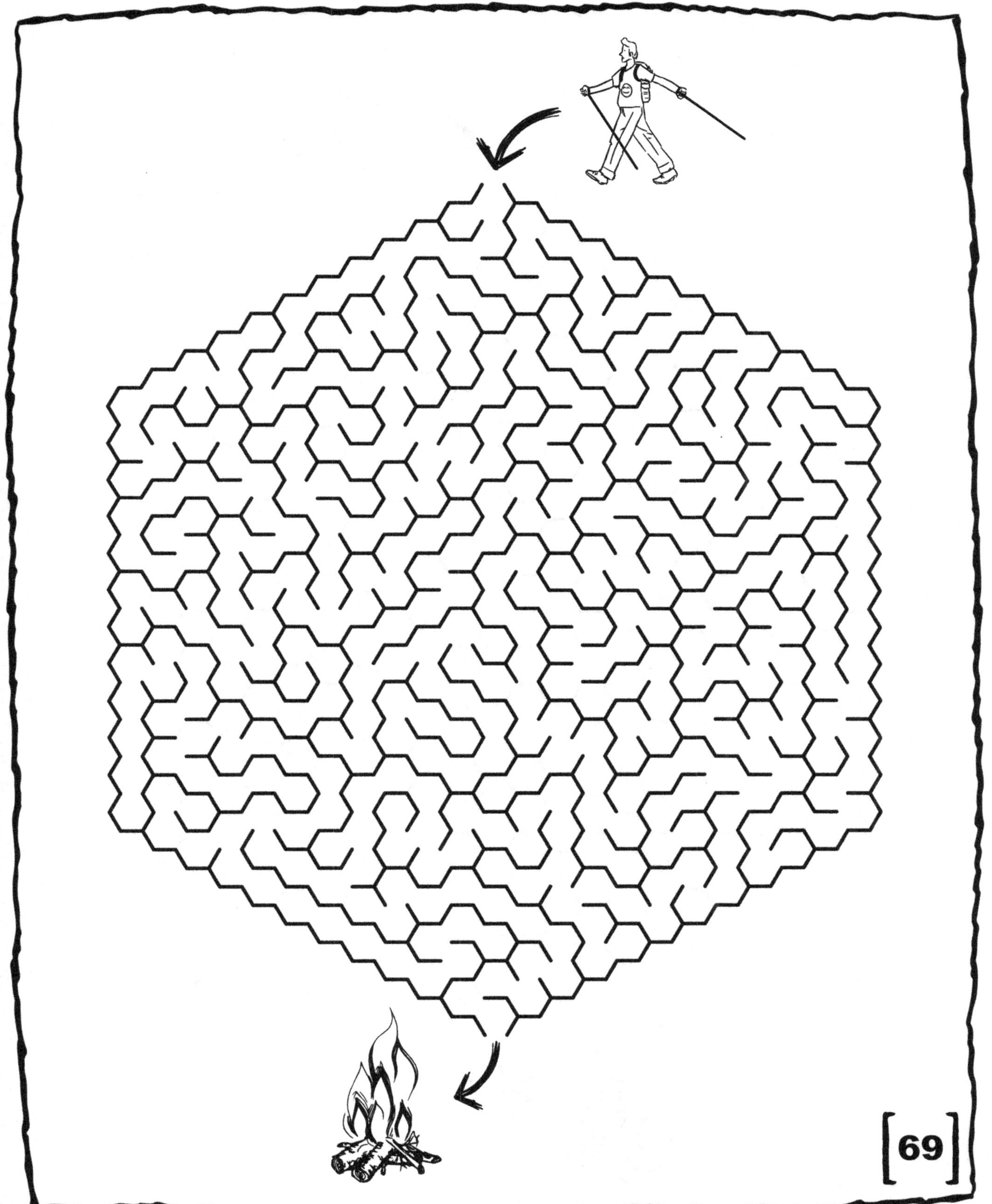

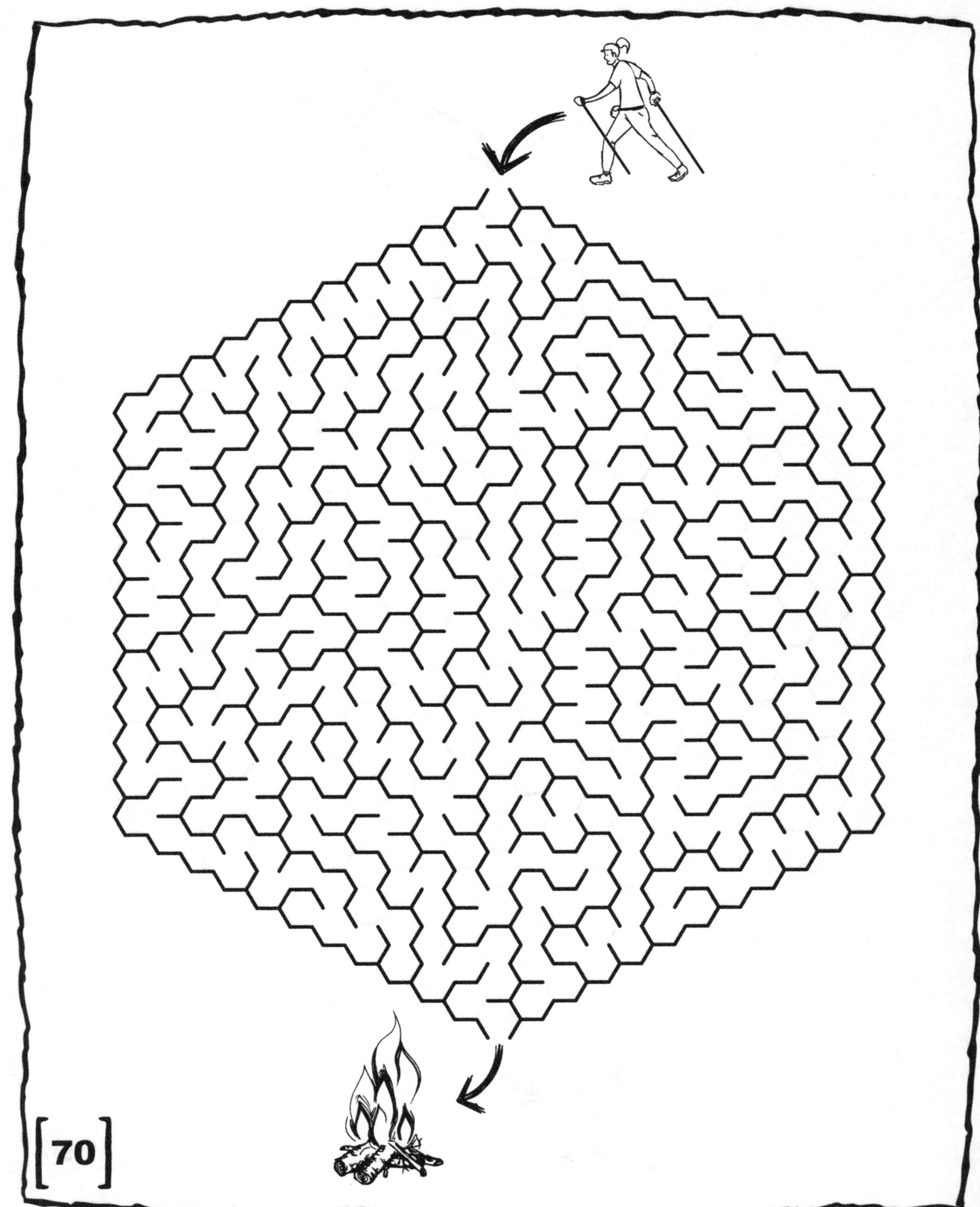

[70]

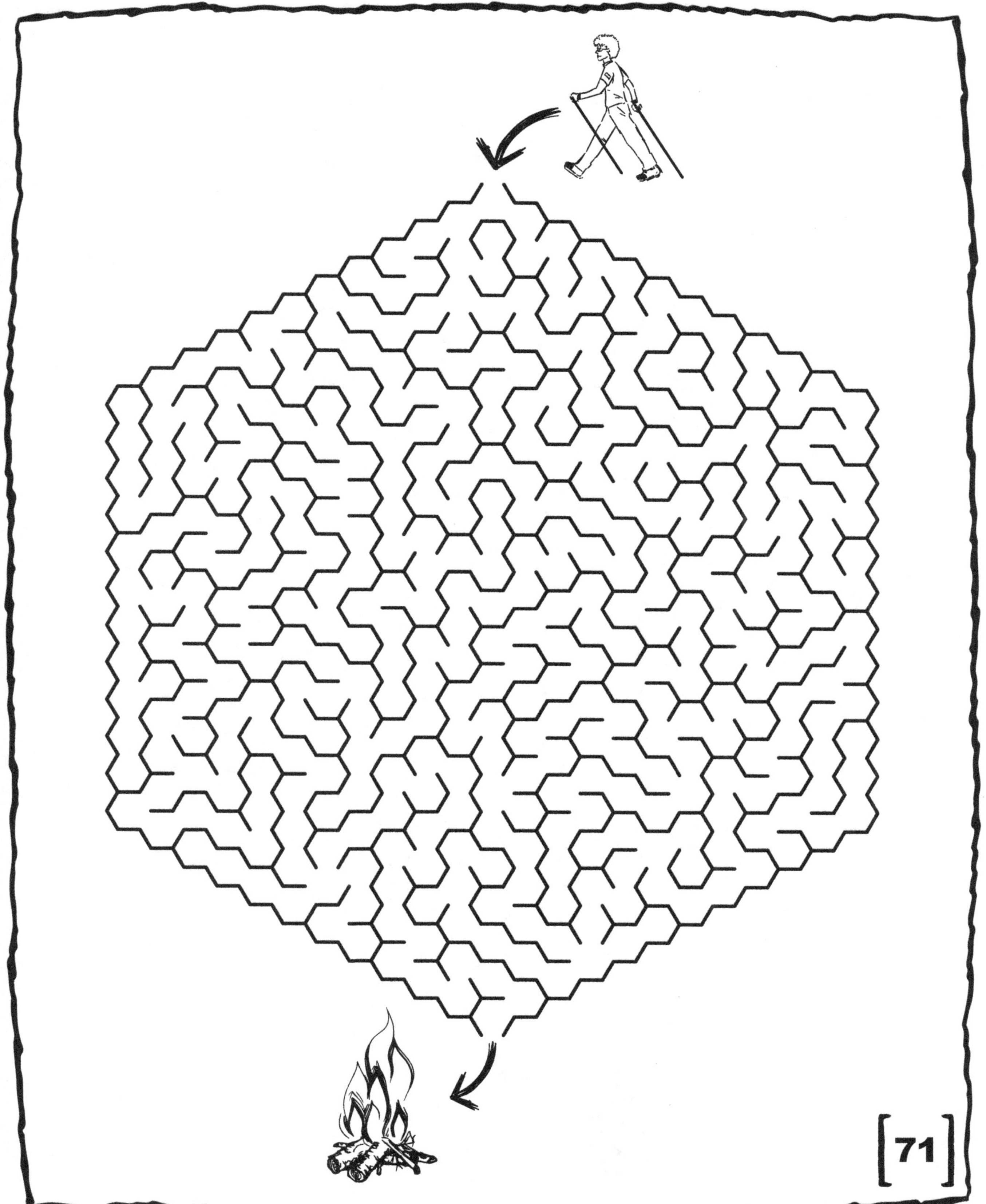

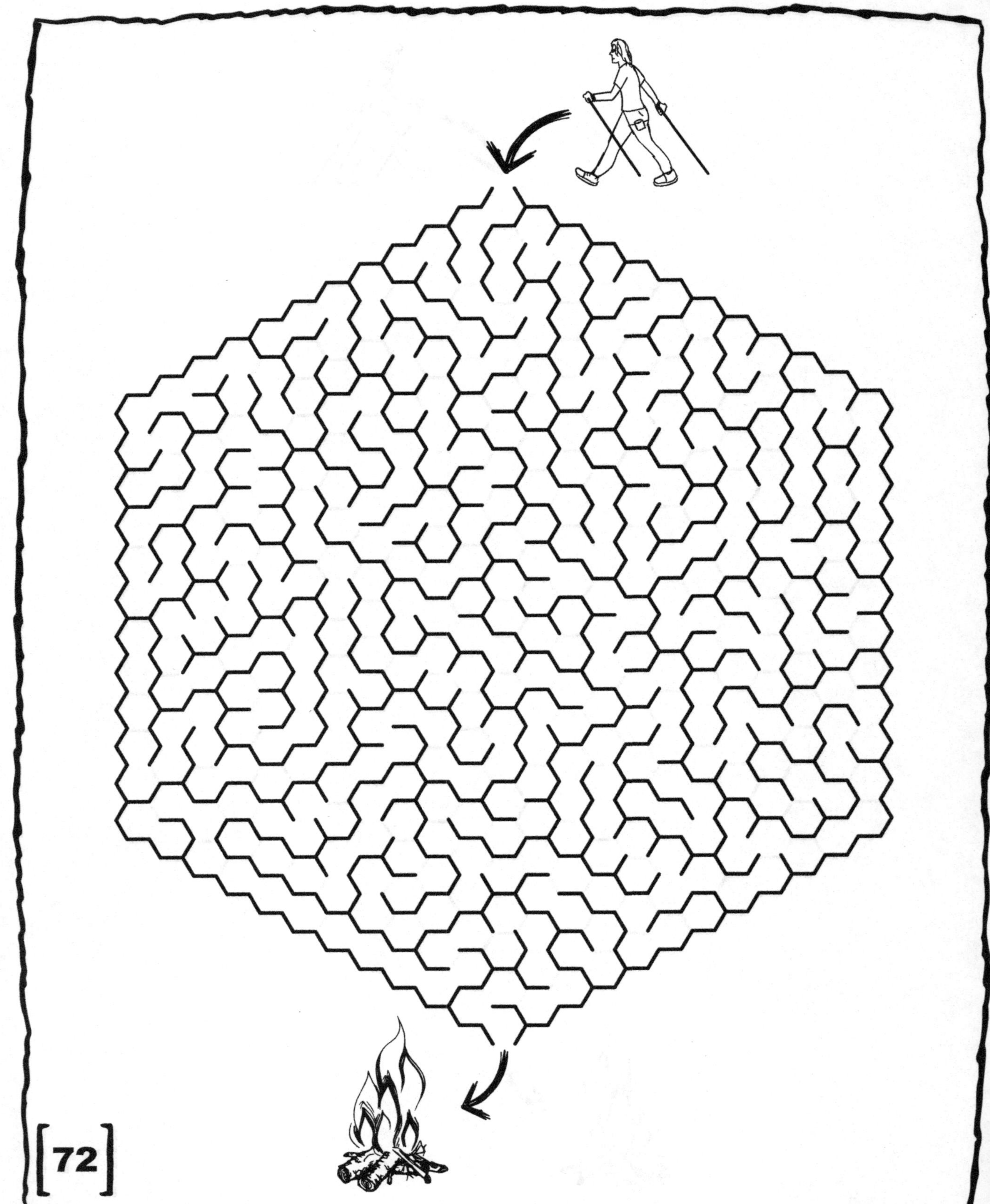

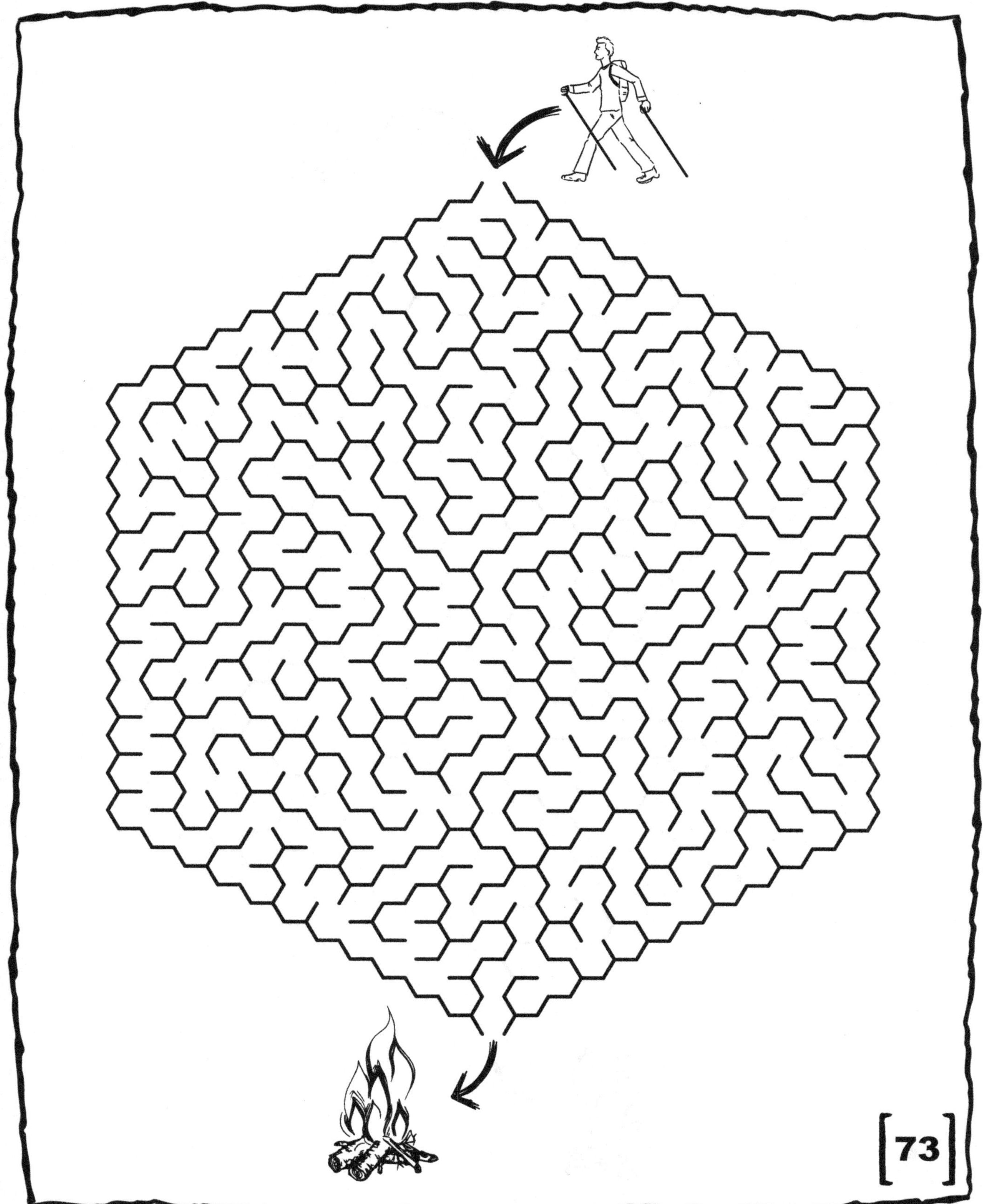

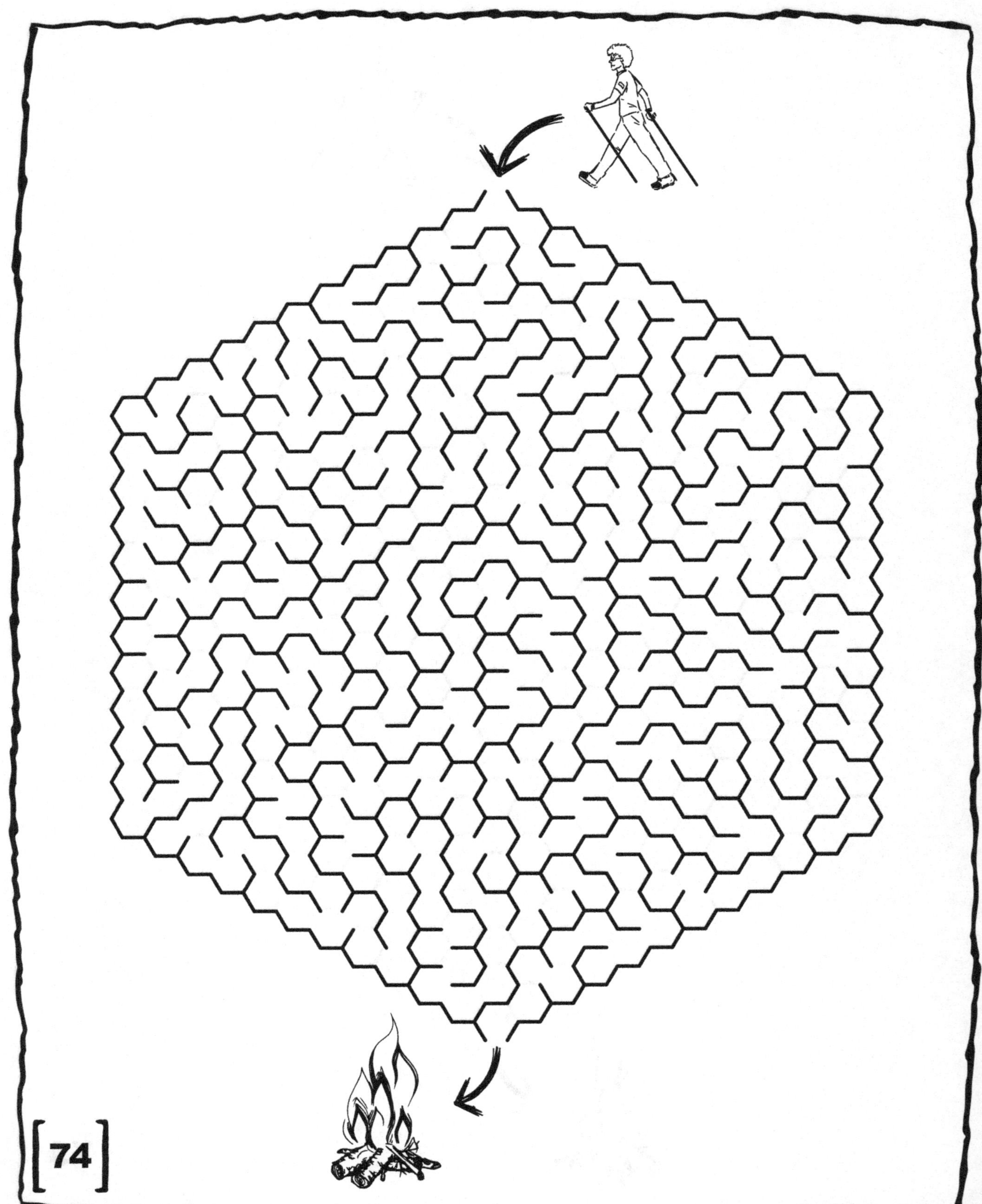

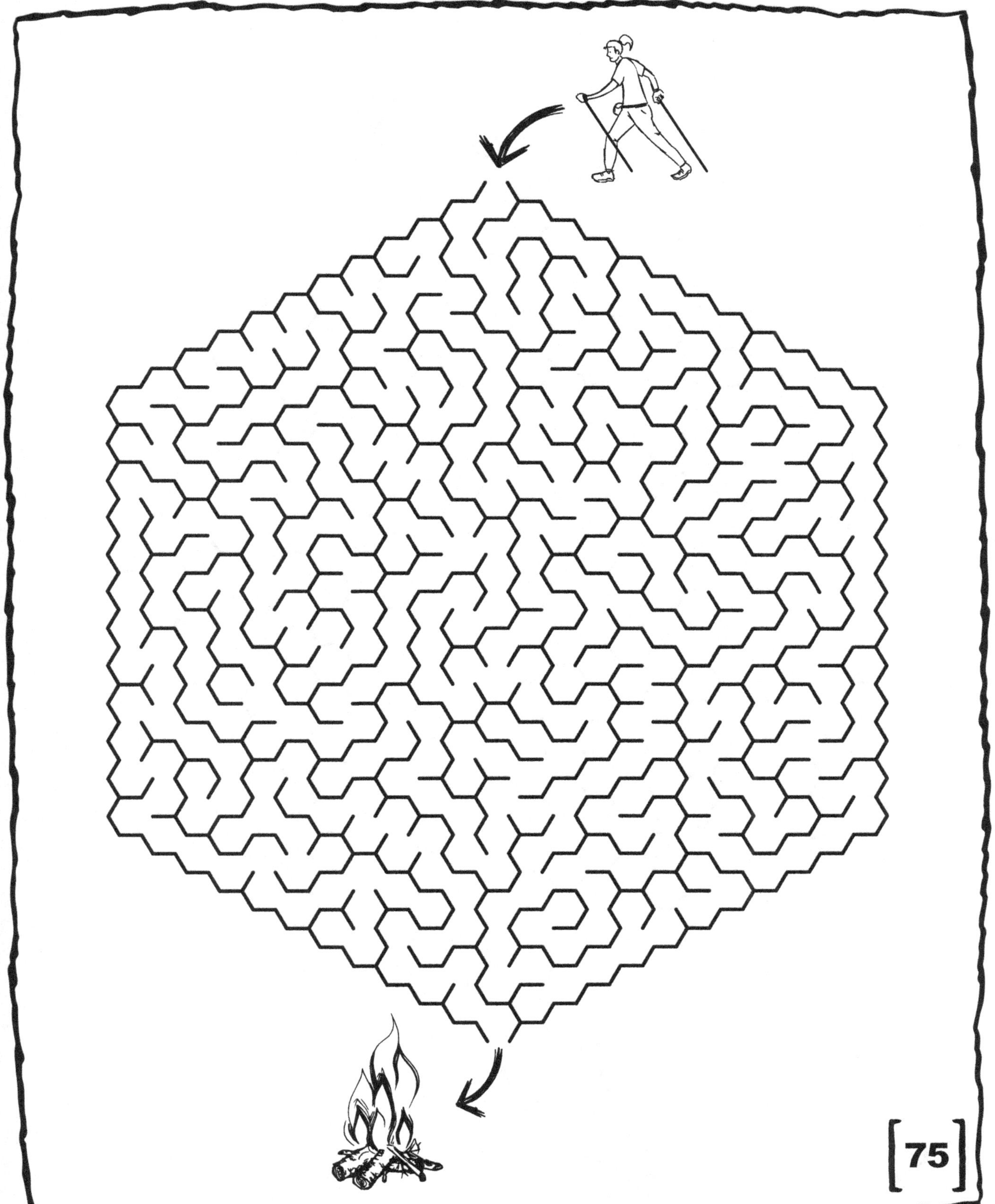

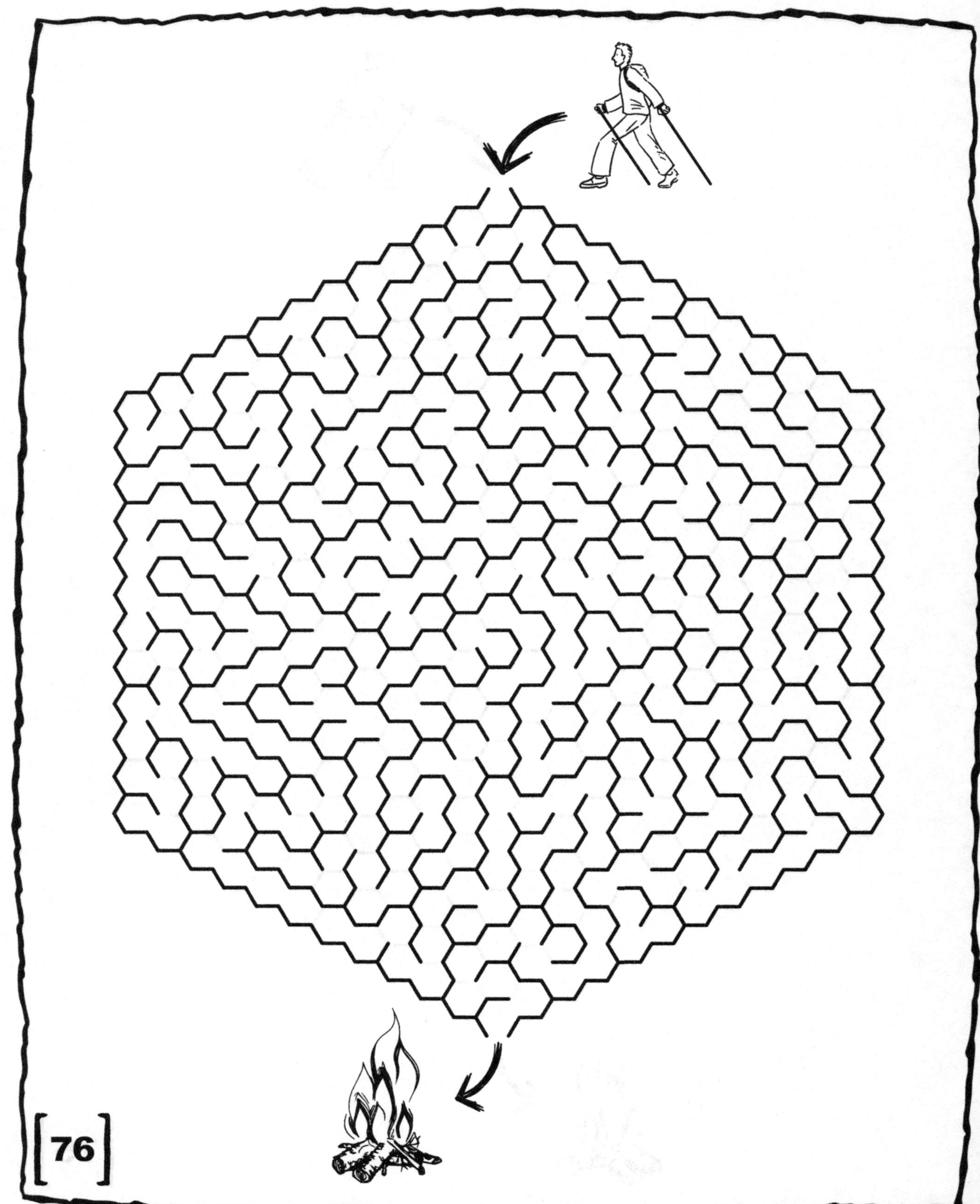

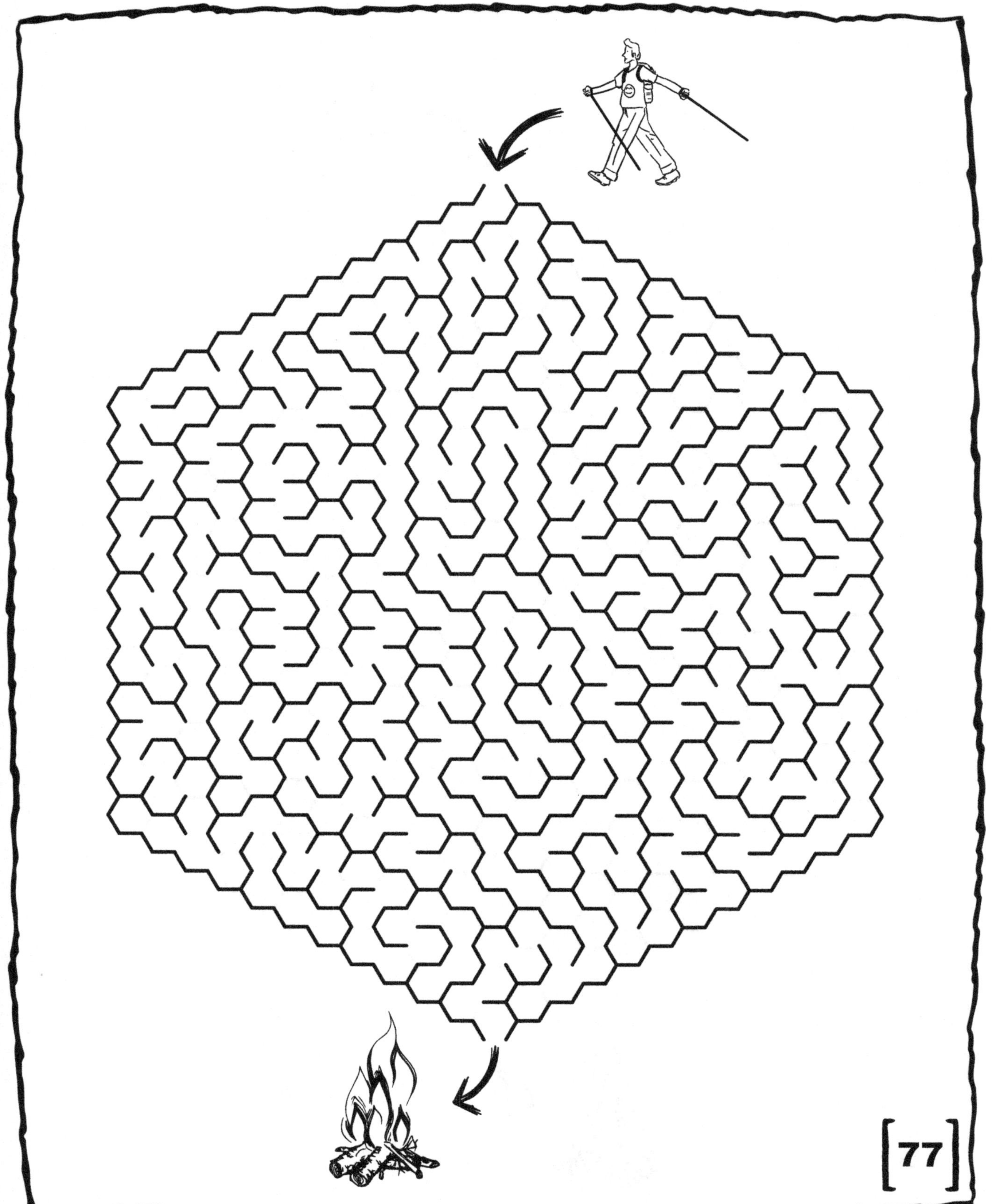

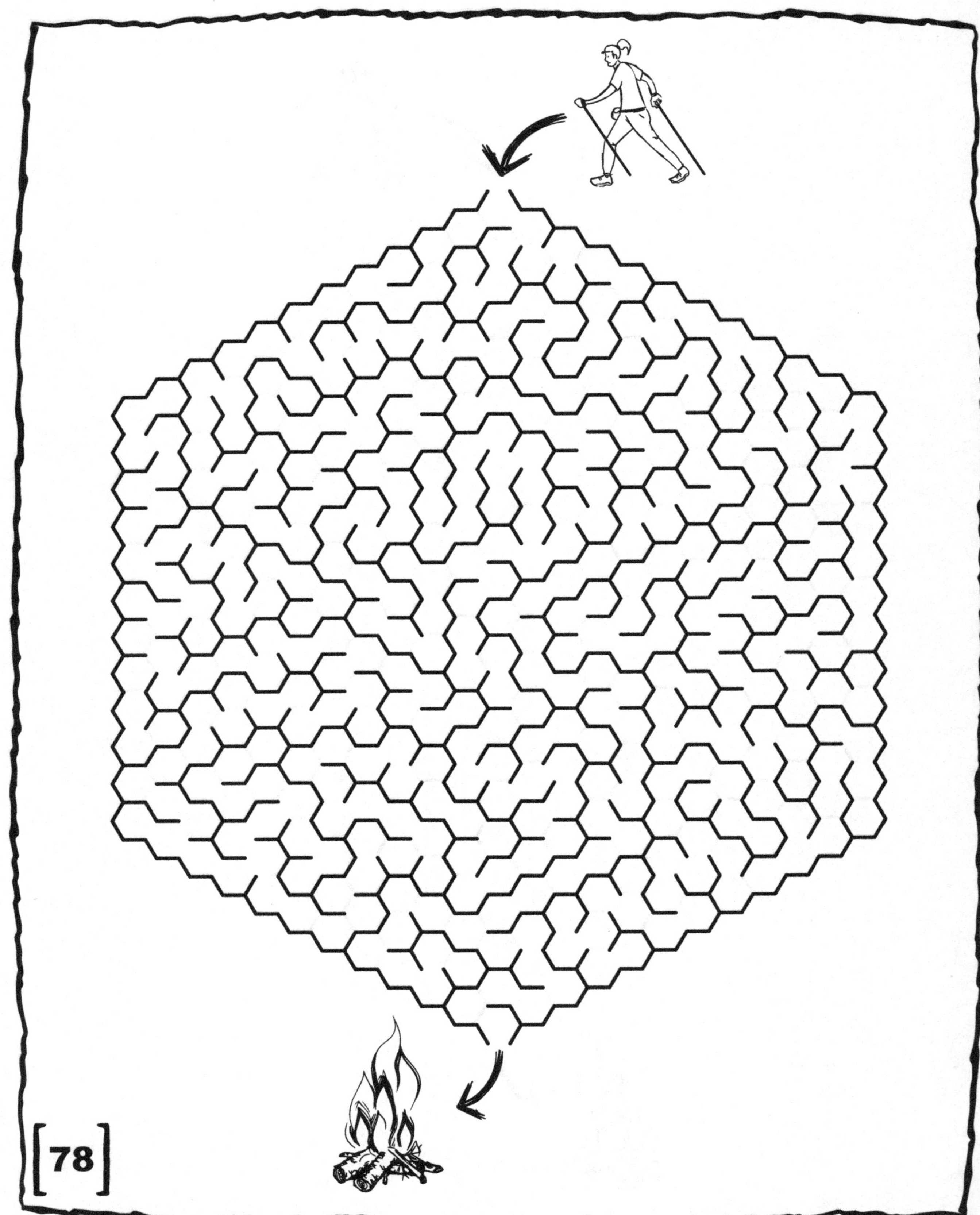

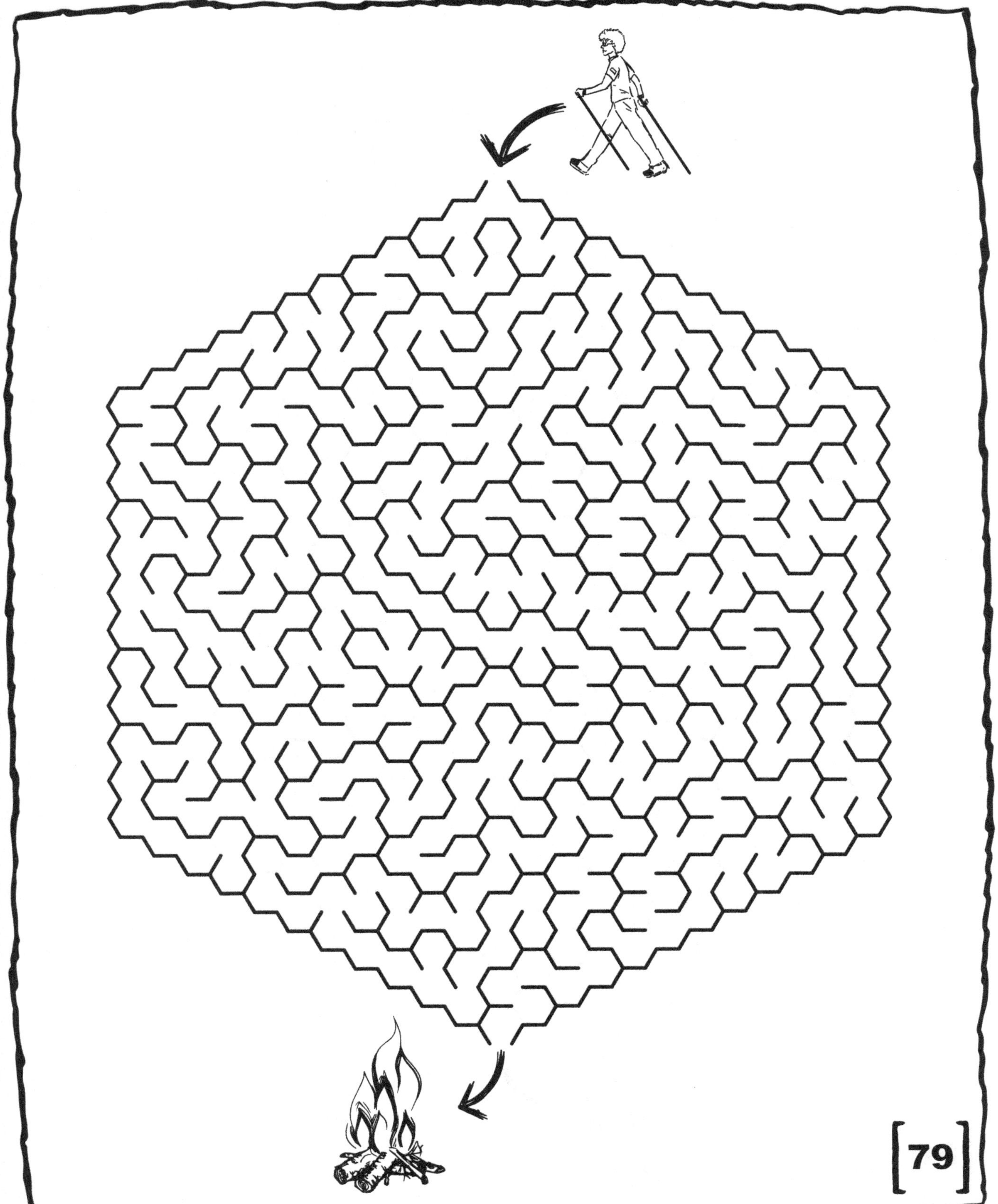

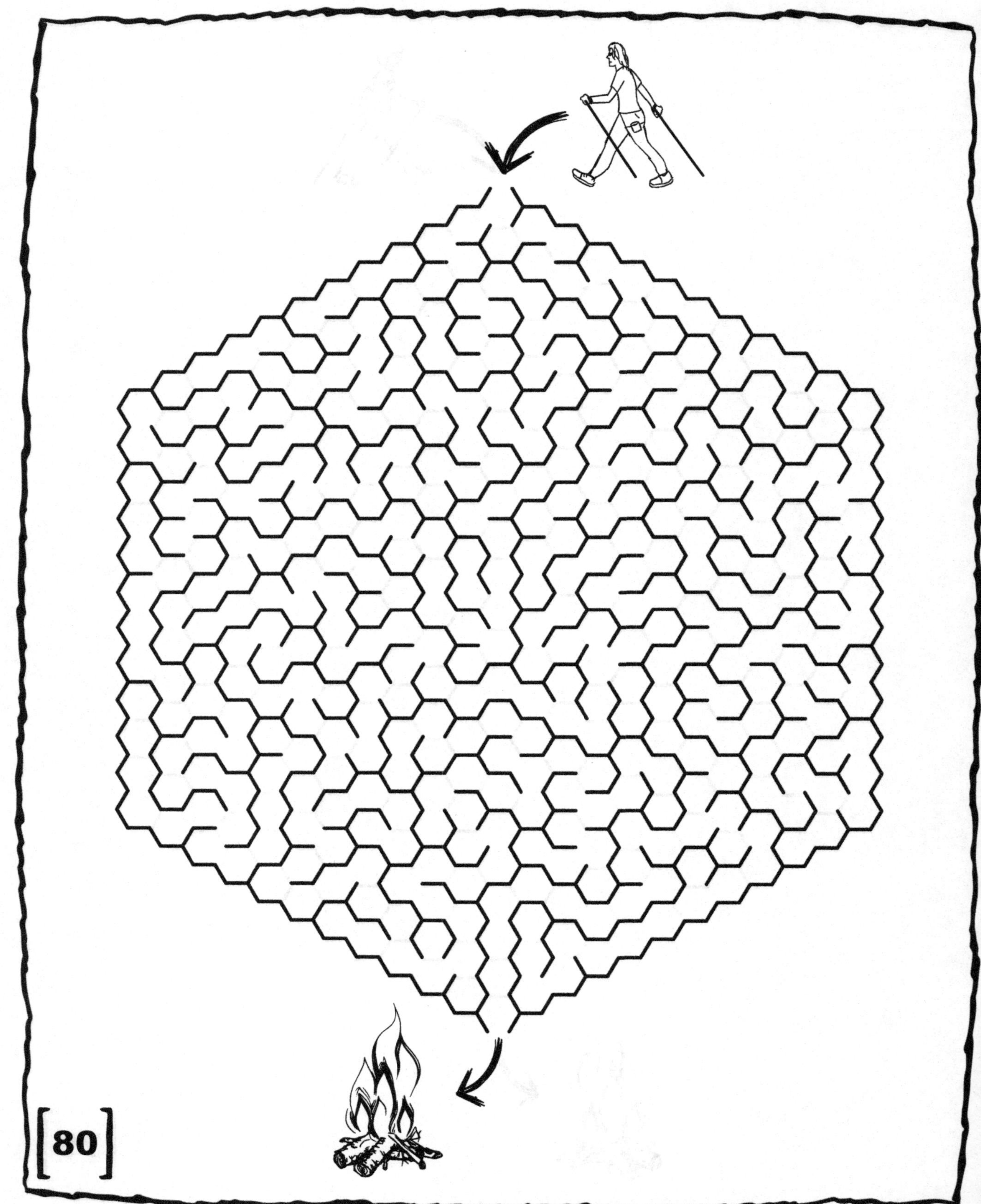

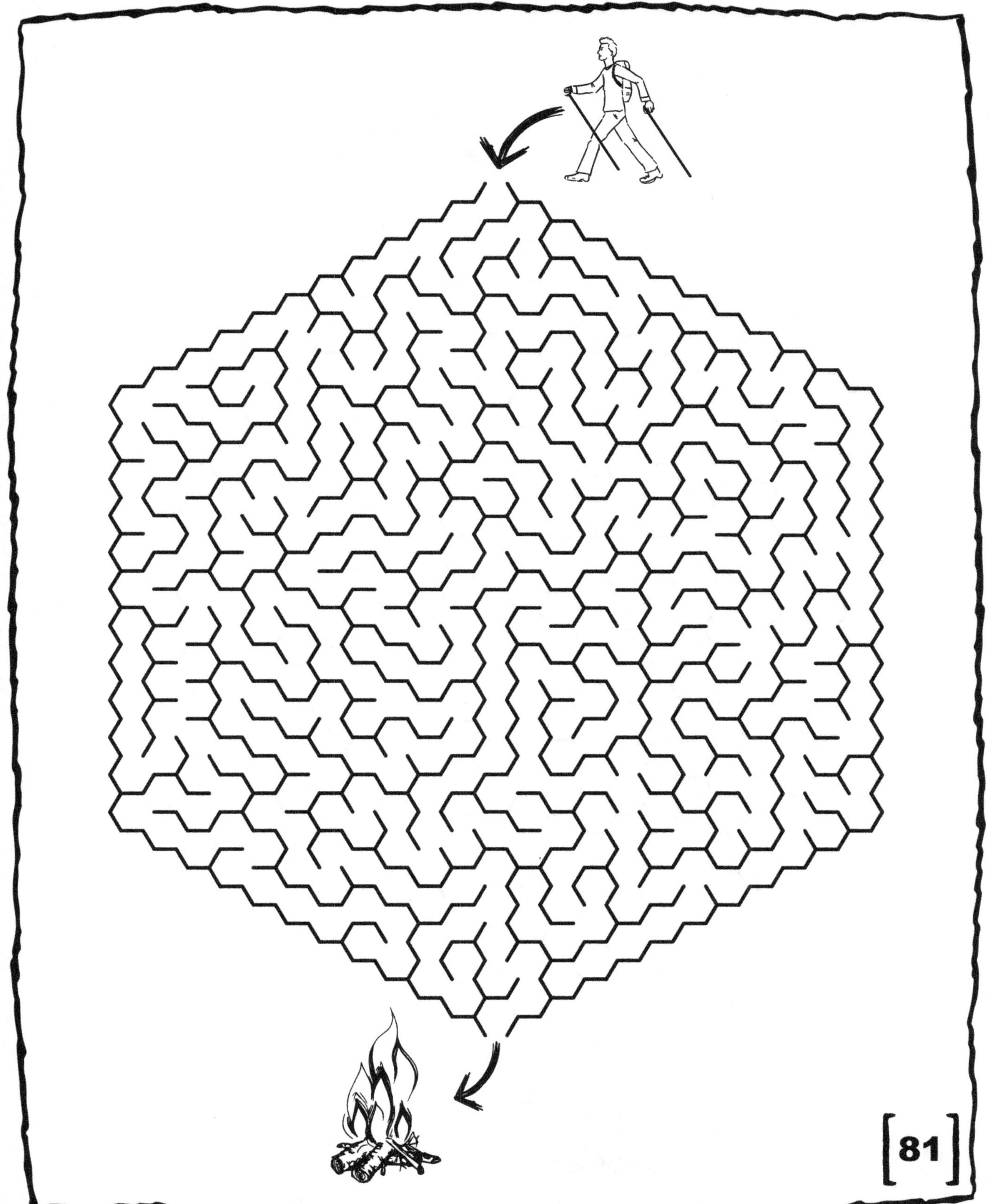

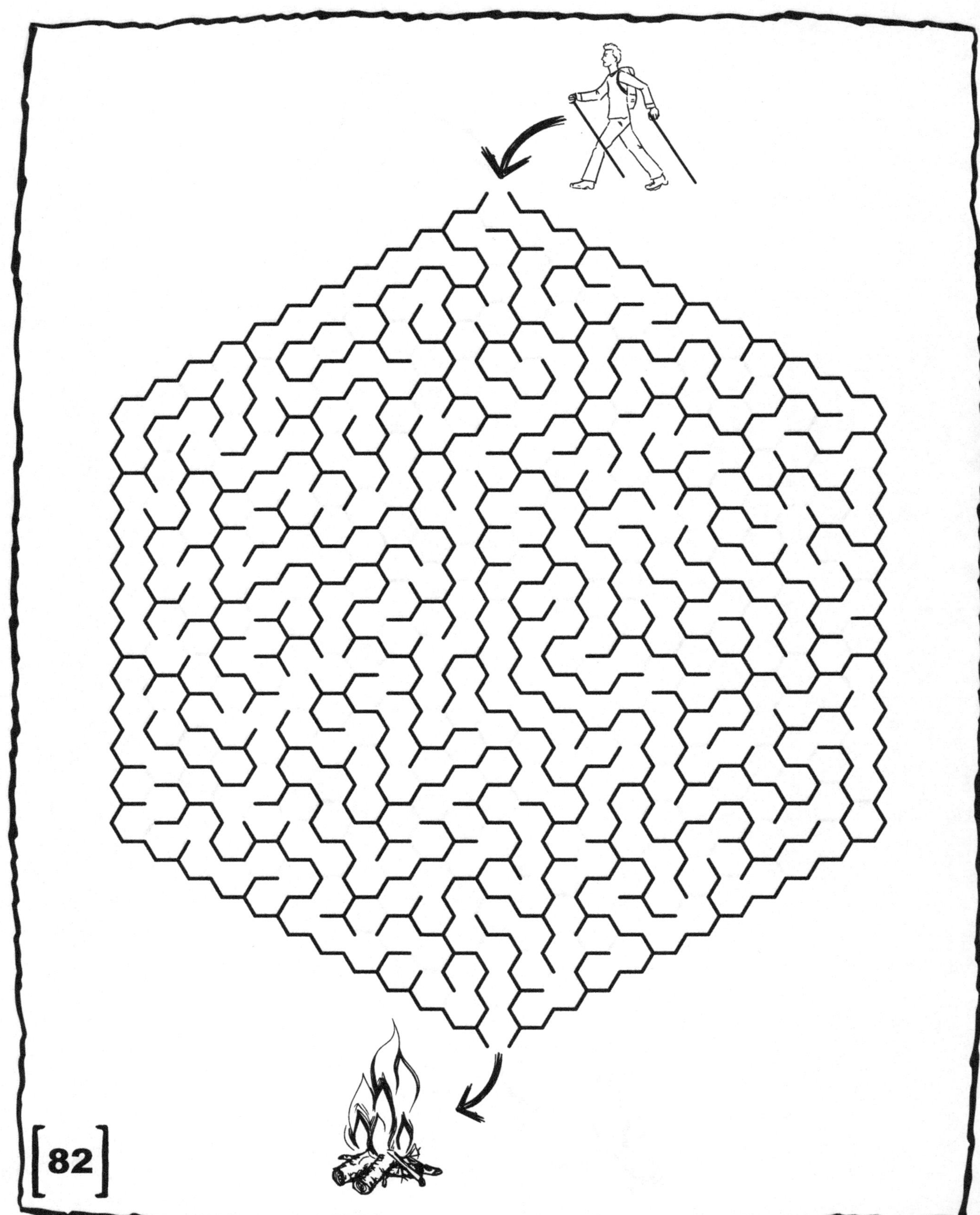

5

6

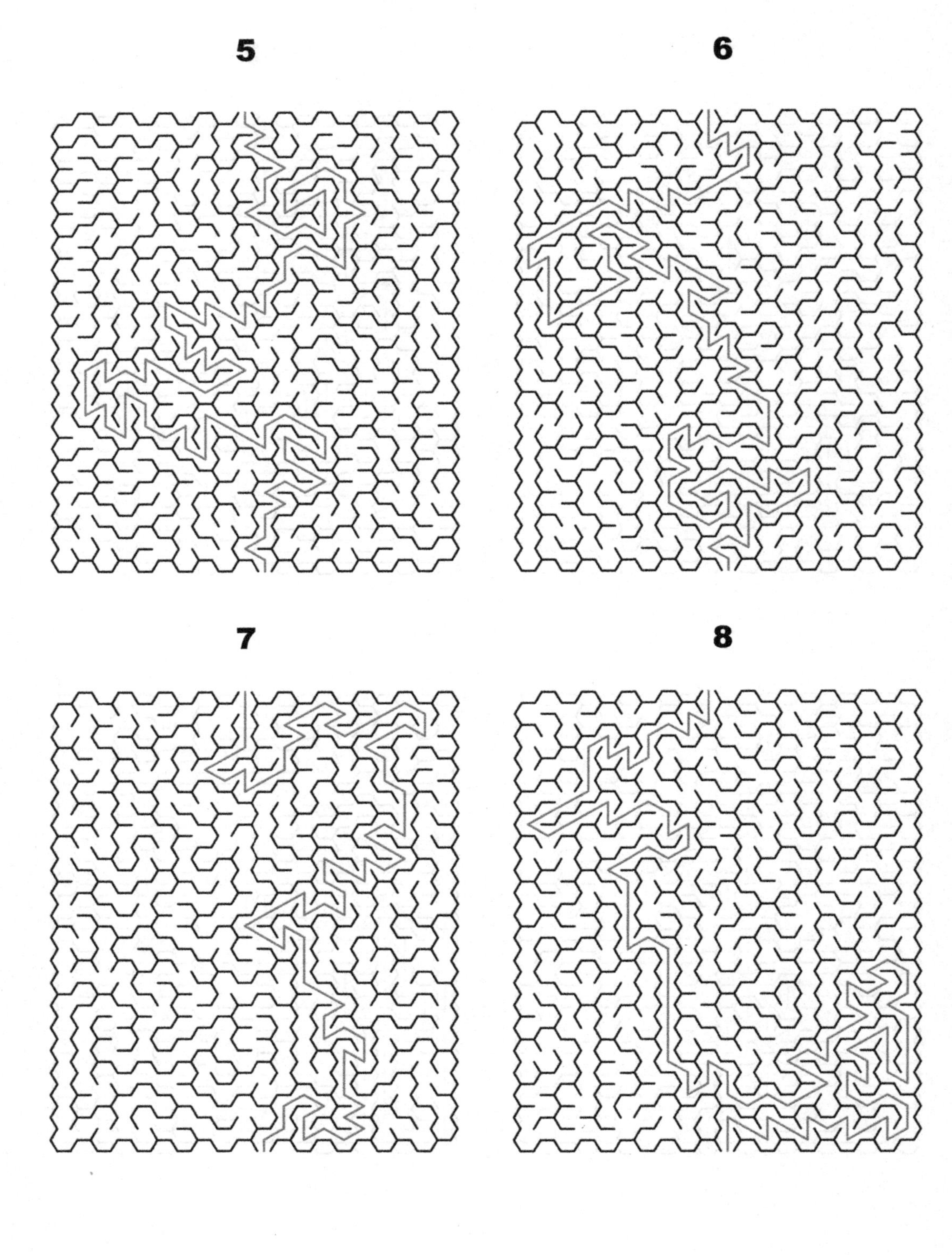

7

8

9

10

11

12

13

14

15

16

17
18
19
20

21

22

23

24

25

26

27

28

29

30

31

32

33

34

35

36

37

38

39

40

41

42

43

44

45

46

47

48

49

50

51

52

53

54

55

56

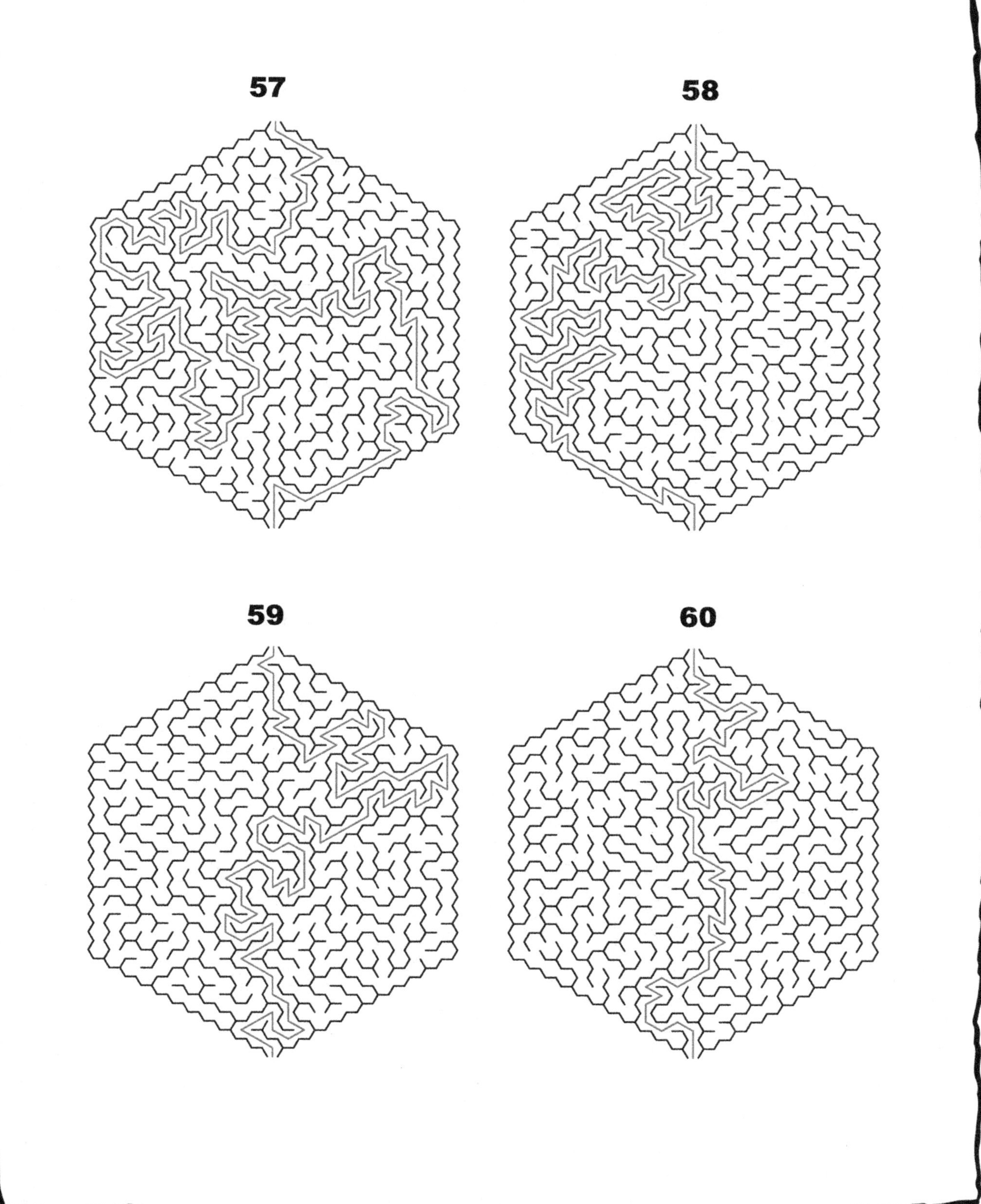
57
58
59
60

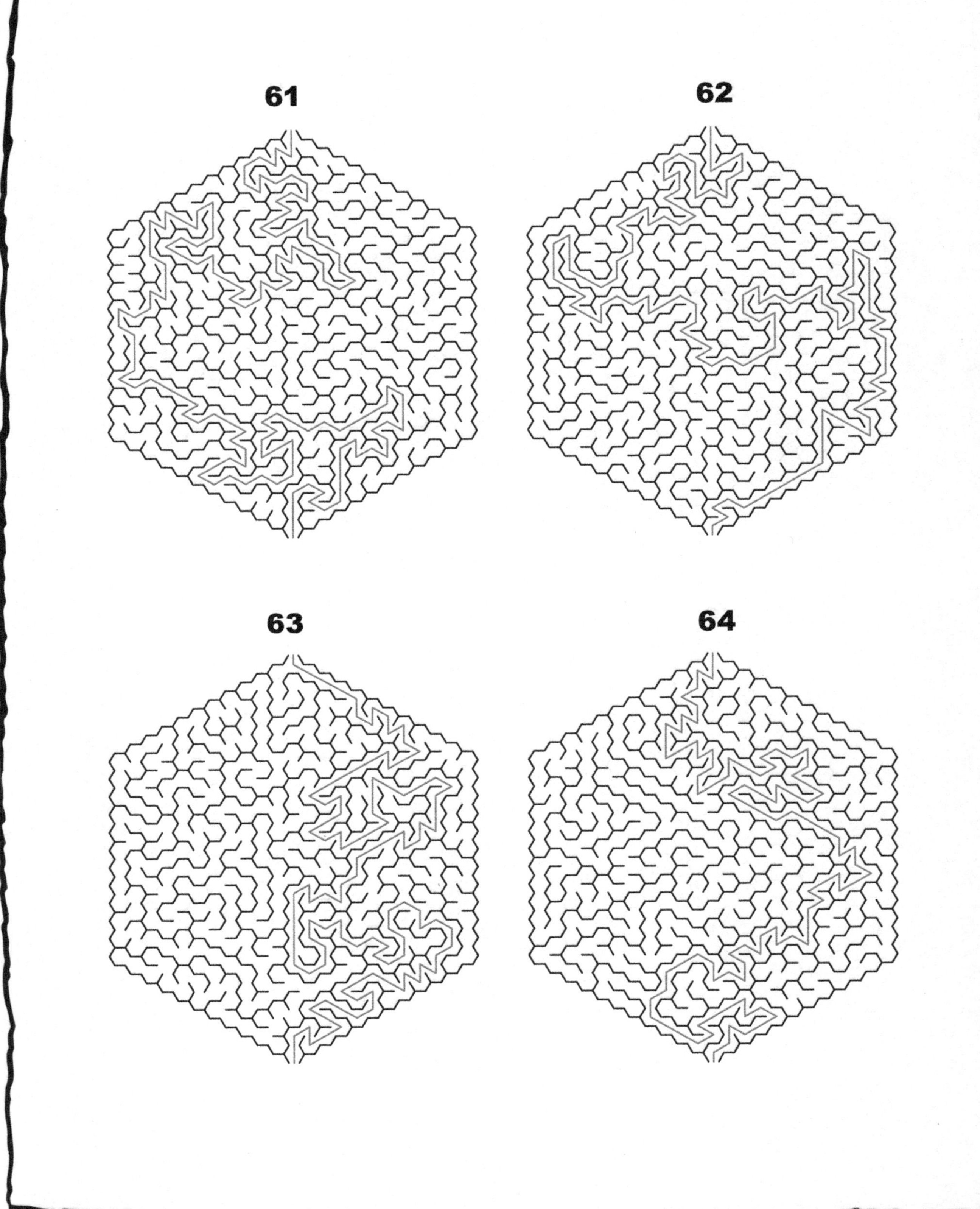

61
62
63
64

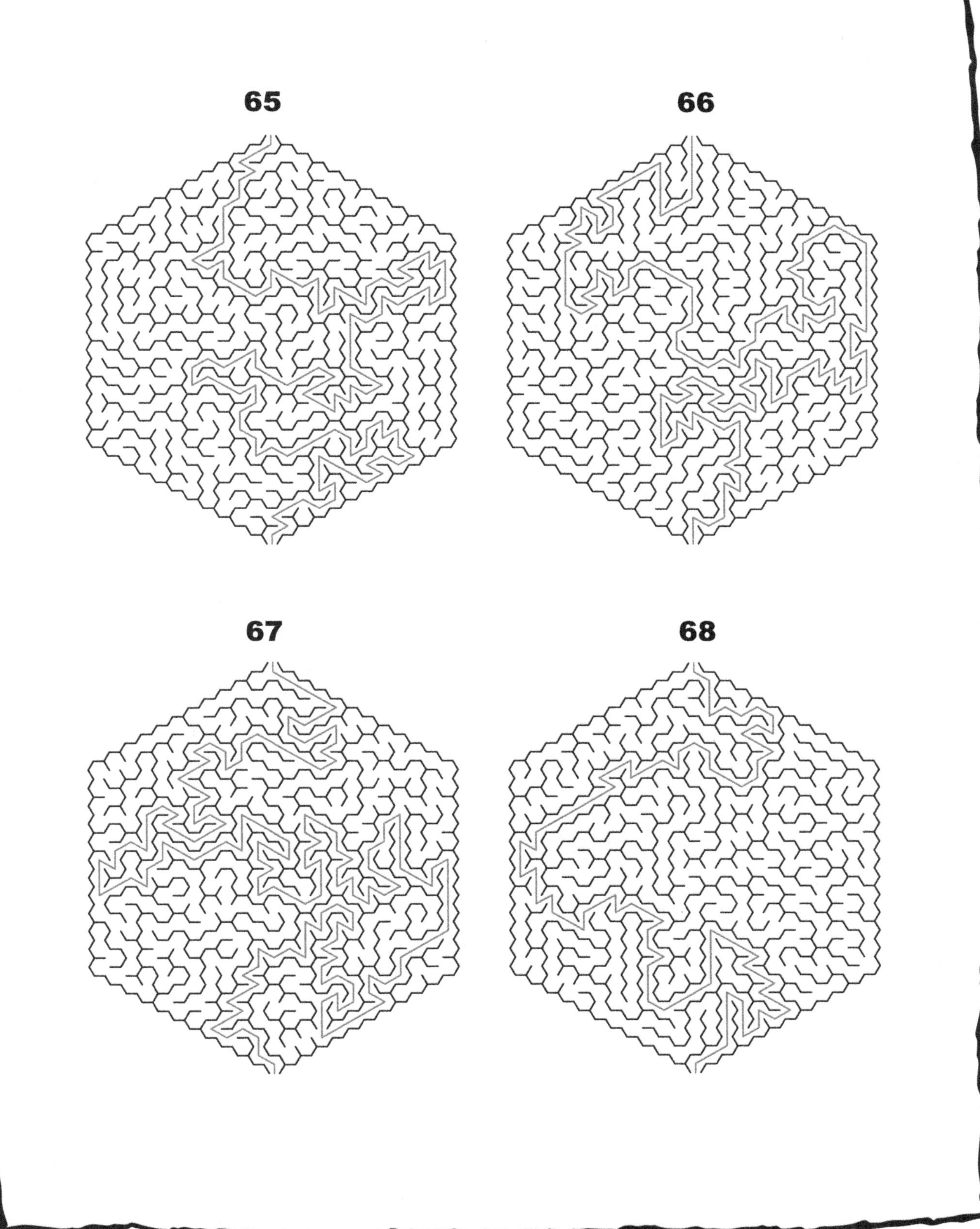
65
66
67
68

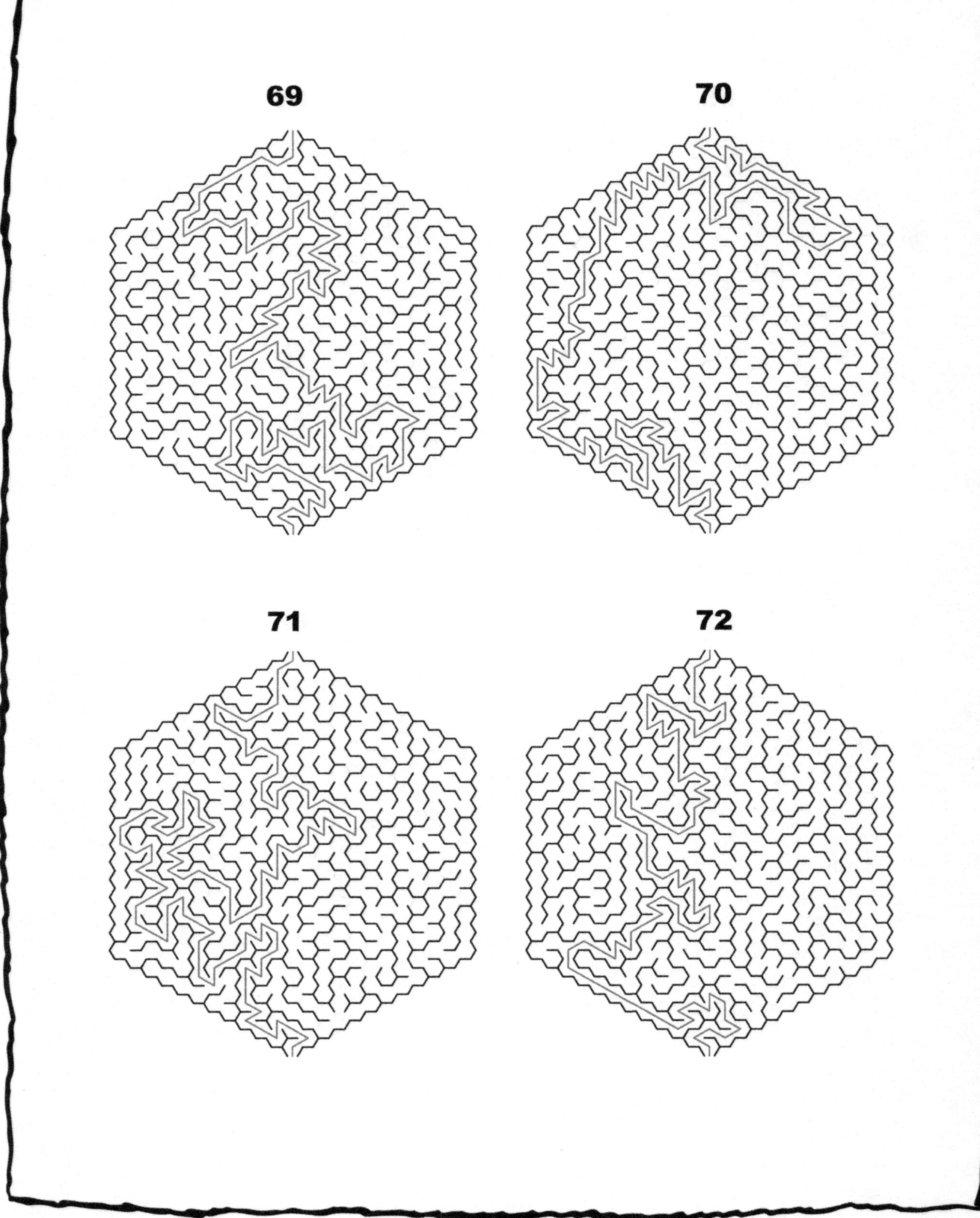

69
70
71
72

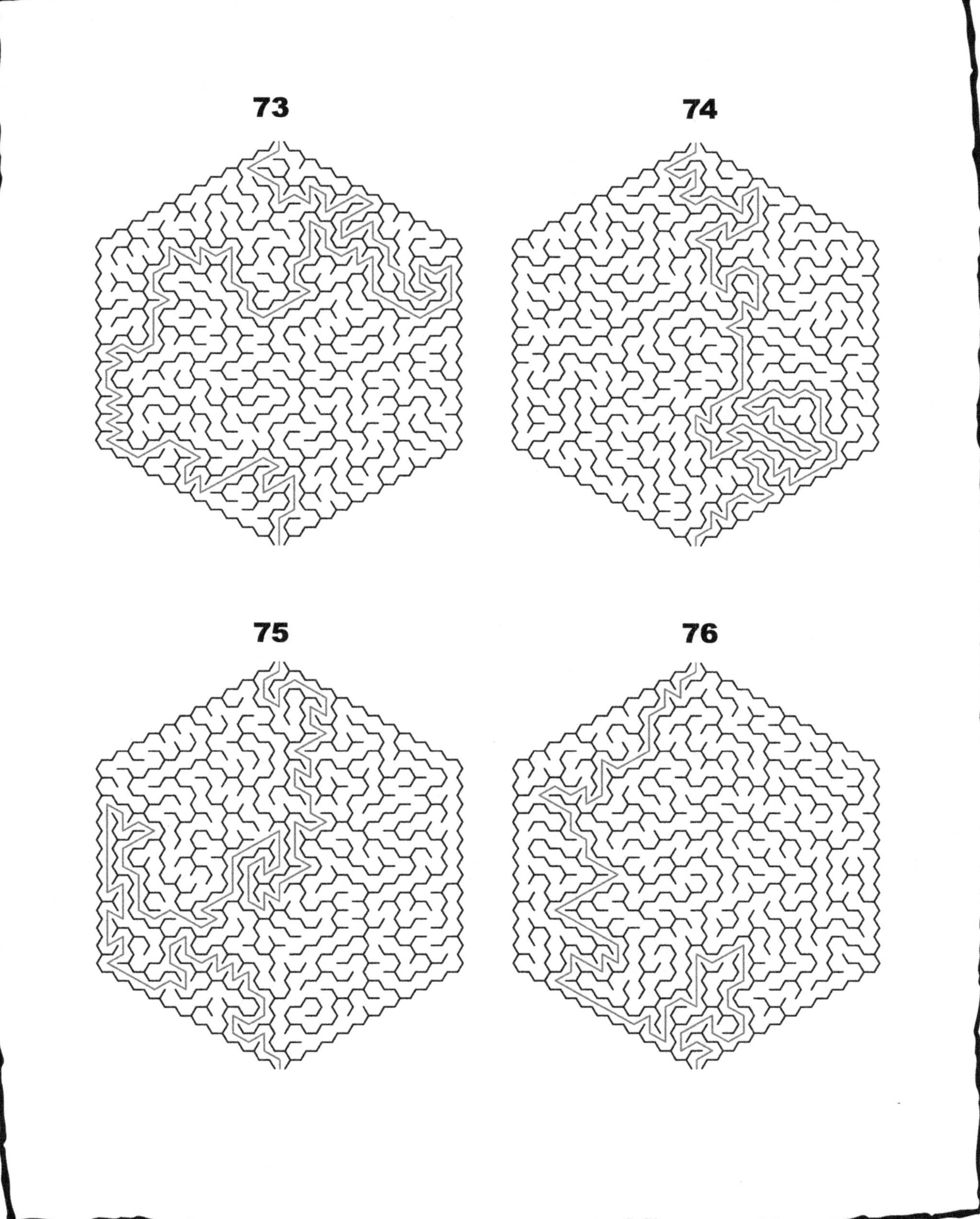

73
74
75
76

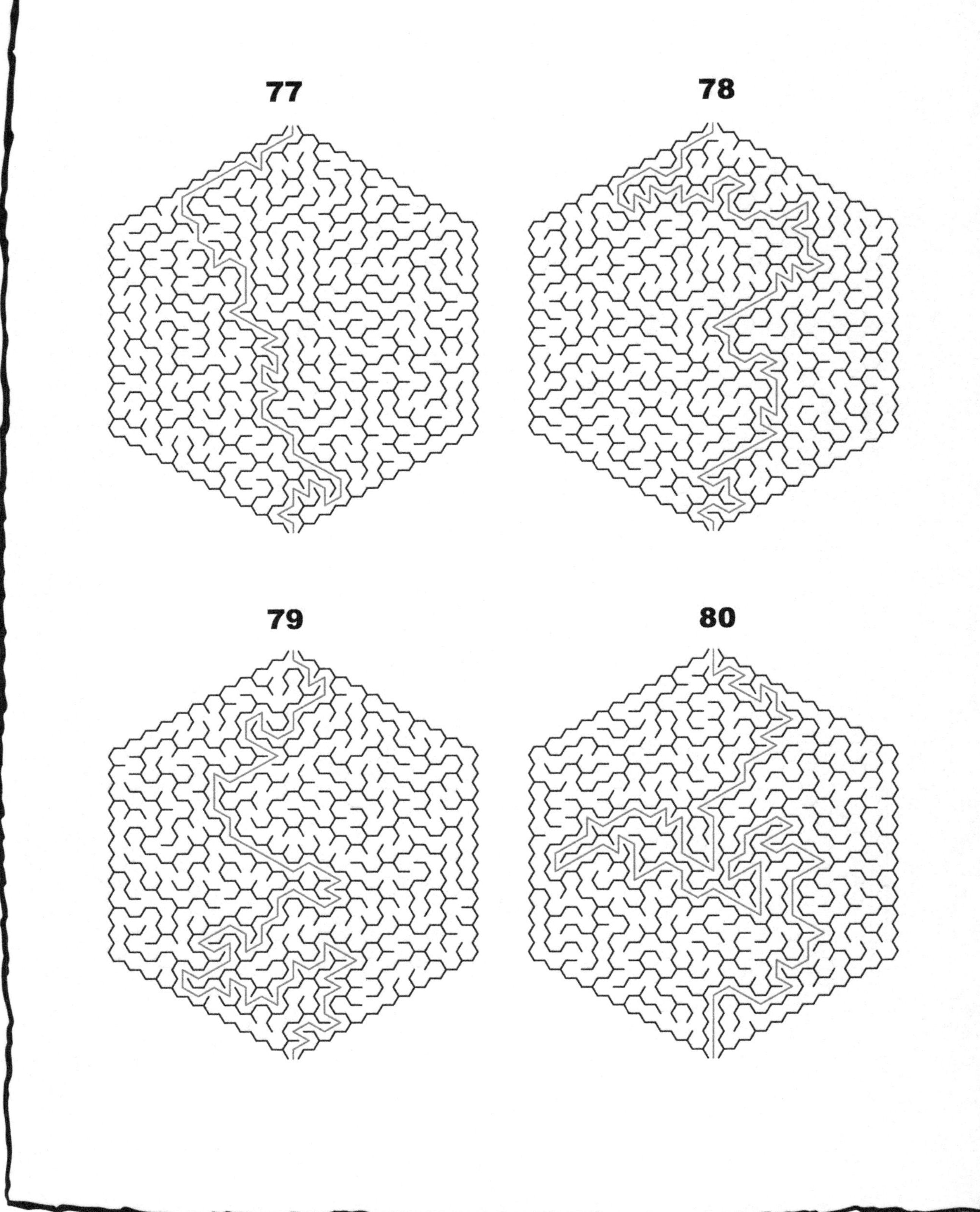

77
78
79
80

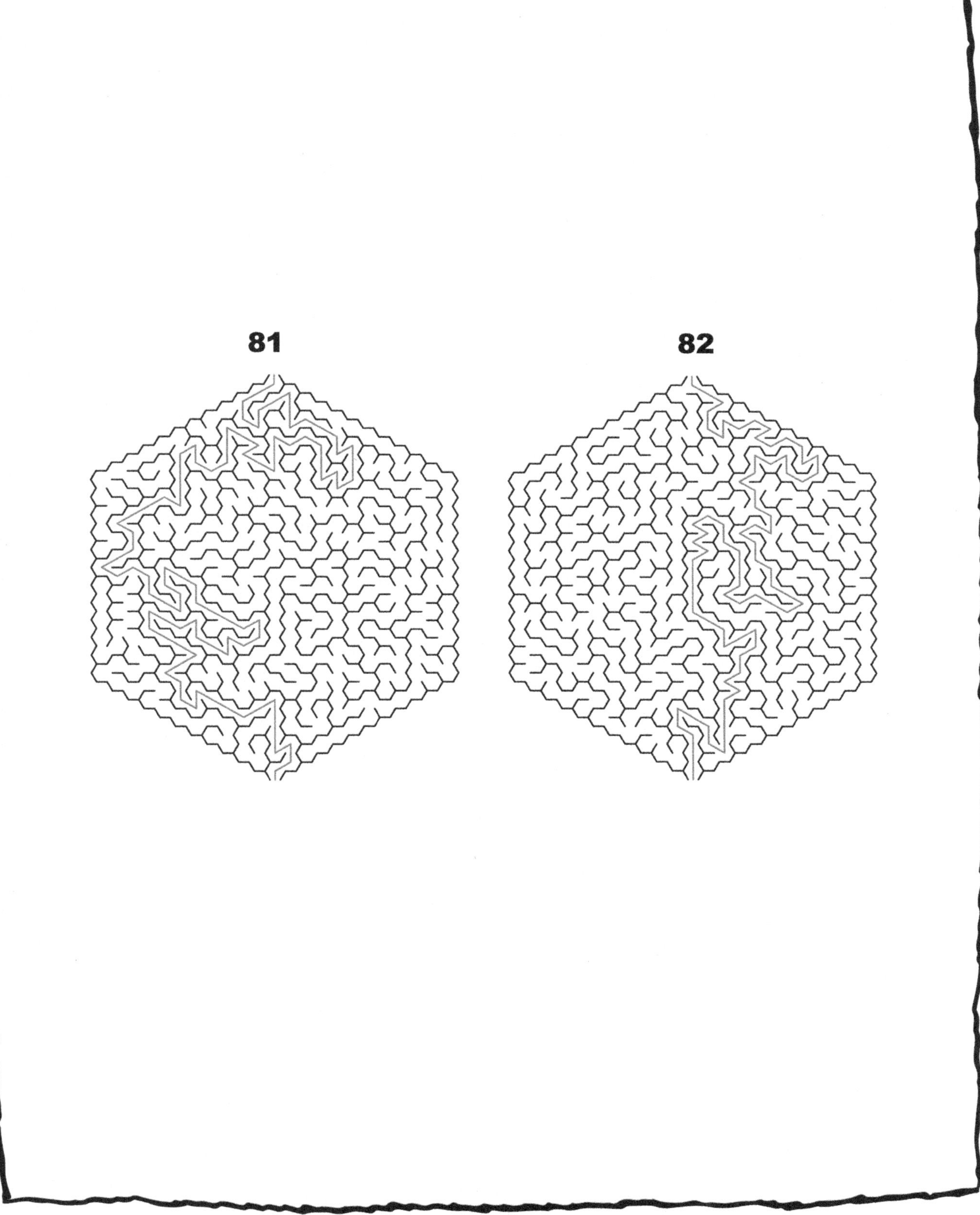

81
82

Made in the USA
Monee, IL
07 July 2026

56545426R00059